Christine Fischer

55 Methoden Biologie

einfach, kreativ, motivierend

Auer

Bildquelle:
S. 42: Schütteldosen für Hör-Memo © Christine Fischer

4. Auflage 2026

Sind Internetadressen in diesem Werk angegeben, wurden diese vom Verlag sorgfältig geprüft. Da wir auf die externen Seiten weder inhaltliche noch gestalterische Einflussmöglichkeiten haben, können wir nicht garantieren, dass die Inhalte zu einem späteren Zeitpunkt noch dieselben sind wie zum Zeitpunkt der Drucklegung. Der Auer Verlag übernimmt deshalb keine Gewähr für die Aktualität und den Inhalt dieser Internetseiten oder solcher, die mit ihnen verlinkt sind, und schließt jegliche Haftung aus.

Autor*innen: Christine Fischer
Illustrationen: Stefanie Aufmuth, Corina Beurenmeister, Boris Braun, Julia Flasche, Carmen Hochmann, Steffen Jähde, Hendrik Kranenberg, Stefan Lohr, Cartoonstudio Meder, Barbara Schuhmann, Frau Schüler, Thorsten Trantow, Bettina Weyland, Michael Wrede
Satz: Typographie & Computer, Krefeld
Druck und Bindung: Druckerei Joh. Walch GmbH & Co. KG
ISBN 978-3-403-**07637**-7

www.auer-verlag.de

Inhalt

Wie inszeniert man Unterricht?

Eine Antwort auf diese Frage zu finden, ist das „tägliche Brot" jeder Lehrkraft. Diese Antwort ist von vielen Faktoren abhängig: der Größe, der Zusammensetzung und der Befindlichkeit der Klasse; vom Faktor Zeit; von der Komplexität und der Menge der zu vermittelnden Inhalte, den Lehr- und Lernzielen und vielen weiteren individuellen Gegebenheiten. Eine besondere Rolle spielt neben der Stoffauswahl und der didaktischen Strukturierung, die Wahl der Unterrichtsmethoden. Diese sollen die Motivation für den Lerninhalt wecken und während des Unterrichts aufrecht erhalten. Sie sollen es erlauben, Lerninhalte differenziert zu erarbeiten und zu präsentieren. Die Differenzierung bezieht sich dabei nicht nur auf die Leistungsfähigkeit des jeweiligen Schülers, sondern auch auf seine subjektive Art, sich Wissen anzueignen.

Was bietet dieser Band?

Die vorgestellten Methoden bilden eine bunte Ideensammlung. Sie sollen Ihnen als Lehramtsstudierenden[1], als Berufsanfänger oder auch als erfahrene Lehrkraft neue Impulse geben, Ihren Biologieunterricht zu rhythmisieren und vielleicht noch abwechslungsreicher zu gestalten. Bei der Auswahl der Methoden war mir die Praxistauglichkeit hinsichtlich der Eignung für biologische Unterrichtsinhalte, des Zeitbedarfs und der Kosten besonders wichtig. Darüber hinaus sollen die Methoden ein Maximum an Kreativität, Abwechslung und Offenheit gewährleisten. Die vorgestellten Beispiele können Sie dazu inspirieren, eigene Ideen zu entwickeln und die Methoden individuell auf Ihre persönliche Unterrichtsgestaltung hin anzupassen.
Die systematische und didaktische Abhandlung der Unterrichtsmethoden (z. B. Begriffserklärung, Bedeutung und Klassifikation) ist Teil des Grundstudiums und findet sich ausführlich in den didaktischen Grundlagenwerken. Gleiches gilt für die naturwissenschaftlichen Arbeitsweisen, z. B. Experimentieren. Beide Bereiche werden daher hier nicht thematisiert.

Aufbau der Handreichung

Die Darstellung der einzelnen Methoden folgt folgendem Schema:

Die Kopfzeile enthält die **Bezeichnung der Methode** und daneben den **Zeitbedarf** und den **Schwierigkeitsgrad**. Zu Anfang jeder Seite finden Sie allgemeine Hinweise zur Methode, ihrer **Zielsetzung** und der benötigten **Materialien**. Folgende Icons erleichtern Ihnen die Orientierung:

1 Aufgrund der besseren Lesbarkeit ist in diesem Buch mit Schüler auch immer Schülerin gemeint, ebenso verhält es sich mit Lehrer und Lehrerin usw.

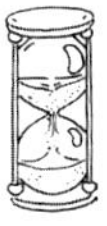

Ungefährer Zeitbedarf der Methode, der je nach Klassensituation, Thematik etc. stark variieren kann

Schwierigkeitsgrad der Methode (für die Schüler)

Zielsetzung der Methode

Benötigte Materialien

Anschließend wird die Methode genauer beschrieben. Für eine schnelle Einschätzung sind die Hinweise zur **Durchführung** knapp gehalten. Weitere Hilfen sind ein oder mehrere **konkrete(s) Unterrichtsbeispiel(e)** sowie oft ein oder mehrere enthaltene(r) **Tipp(s)**.

Die Gliederung der Methoden erfolgt nach den Unterrichtsphasen, in der die jeweiligen Methoden am besten einsetzbar sind. Die Methoden für die Differenzierung und die Methoden zur Förderung der Modellkompetenz sind eigentlich Erarbeitungsmethoden, werden der besseren Übersichtlichkeit wegen jedoch gesondert aufgeführt. Viele Methoden zur Wiederholung und Anwendung des Gelernten eignen sich gut dazu, in einem Lernen an Stationen kombiniert zu werden. In dieser Kombination ist sehr leicht multisensorisches Lernen möglich, wenn Methoden ausgewählt werden, die verschiedene Lernertypen ansprechen. Auch „Spielstunden" sind so möglich, wenn verschiedene spielerische Methoden zu Wiederholung an vier oder fünf Stationen bereit stehen.
Viele der Methoden zur Präsentation von Lernergebnissen können sehr gut im arbeitsgleichen Gruppenunterricht kombiniert werden, in diesem Fall haben alle Gruppen dieselben Inhalte erarbeitet. Hier kann die Präsentationsphase durch die Wahl verschiedener Präsentationsformen abwechslungsreich gestaltet werden.

Als Lehrkraft für Biologie wenden Sie bereits viele Methoden erfolgreich an. Ich würde mich freuen, wenn dieser Band Sie dazu inspiriert, etwas Neues auszuprobieren, Bekanntes zu variieren und Ihr Methodenspektrum noch etwas breiter und bunter zu gestalten.

Christine Fischer

1.1 Halbgelenktes Rollenspiel

15 Min. 

Verankerung des Unterrichtsthemas in der Lebenswelt der Schüler

Rollenkärtchen

Durchführung:

Diese Einstiegsmethode lebt von der Spielfreude und der Spontaneität der Schüler. Die Schüler, die sich für dieses Rollenspiel bereit erklärt haben, erhalten je eine Rollenkarte und Zeit, um sich vorzubereiten. Dann treten sie vor die Klasse und beginnen mit ihrem improvisierten Dialog. Erfahrungsgemäß wird das Spiel lebendiger, wenn die Spieler die Rollenkarten der anderen Darsteller nicht kennen. Bei den Rollenspielen handelt es sich um eine halbgelenkte Form: Die Spieler haben zwar einige feste Vorgaben auf den Rollenkärtchen, können ihre Rolle sonst jedoch frei gestalten.

Konkrete Unterrichtsbeispiele:

- Windbestäubung

  Eine „Ärztin" diagnostiziert aufgrund der geschilderten Symptome des „Patienten" Heuschnupfen, ausgelöst durch Pollenflug.

- Die Problematik des Schwangerschaftsabbruchs

  Beispiele für Rollenkärtchen:

> *Du bist Sara, 16 Jahre alt. Seit einem halben Jahr hast Du einen festen Freund, Tom. Seit drei Tagen weißt du, dass Du schwanger bist. Du wirst es Tom gleich sagen. Eigentlich liebst du Kinder, aber jetzt schon? Euer Gespräch endet ohne konkretes Ergebnis.*

> *Du bist Tom, 17 Jahre alt. Du möchtest nächstes Jahr Abitur machen und dann Architektur studieren.*
> *In Deiner Freizeit spielst Du Fußball. Seit einem halben Jahr bist Du mit Sara zusammen. Du möchtest dein Leben genießen. Ihr seid gleich verabredet.*

Die Spieler sind erfahrungsgemäß weniger befangen, wenn der männliche Part von einer Schülerin übernommen wird und der weibliche Part von einem Schüler.

Das Rollenspiel soll zu einem Bewusstsein führen, dass in dieser Situation viele Aspekte bedacht werden müssen. Im folgenden Unterricht kann man diese Perspektiven in Gruppen erarbeiten.

5 Min.

einen intuitiven, bilderreichen Zugang zum Thema schaffen

Text (Rätselgeschichte)

Durchführung:

Die Lehrkraft liest die Rätselgeschichte vor. Die Schüler stellen Vermutungen auf, die im Plenum mündlich (oder auch schriftlich an einer Seitentafel) gesammelt werden. Die Geschichten sind so konstruiert, dass die Lösung …

a) … entweder auf das Stundenthema hinführt (s. Beispiel „Fleischfressende Pflanzen“);

b) … oder im Laufe der Unterrichtsstunde erarbeitet wird (s. Beispiel „Korbblütler“).

Konkrete Unterrichtsbeispiele:

- Fleischfressende Pflanzen

Achtung: Aktenzeichen xy - ungelöst! Die Fliegen-Kripo meldet einen weiteren Fall vom plötzlichen Verschwinden einer Fruchtfliege in Fliegenstadt. Menschliche Wesen können als Verursacher weitgehend ausgeschlossen werden, da die Spur in einem von Menschen unbewohnten Gebiet endet. Am Ort des möglichen Verbrechens sind auch keine Raubtiere gesehen worden. Die Ermittler stehen vor einem Rätsel. Sachdienliche Hinweise bitte an jede Fliegenpolizeistelle unter 0083-112.

- Korbblütler (als Beispiel für eine Pflanzenfamilie)

Maja und Willi treffen sich auf der Wiese. Sie machen eine Wette: „Wer als erster 100 Blüten bestäubt, hat gewonnen!“ Willi legt los, er will unbedingt gewinnen. So fliegt er zu einer Glockenblume, rast dann zur nächsten Glockenblume, dann zur nächsten Glockenblume, dann zur nächsten Glockenblume, dann zur nächsten Glockenblume … Puh, denkt er sich, das ist ganz schön anstrengend, dabei habe ich erst fünf Blüten bestäubt! Und weiter geht's … Maja sieht Willi eine Weile seelenruhig zu. Dann setzt sie sich auf eine Margerite und ruft: Sieger! Wieso hat Maja gewonnen?

10 Min.

Vorstellungen assoziieren, Gefühle ansprechen, Entspannung

Text (Fantasiereise), evtl. Musik oder Naturgeräusche

Durchführung:

Eine themengebundene Fantasiereise ist eine im naturwissenschaftlichen Unterricht ungewöhnliche Methode. Auch in dieser „abgespeckten" Version zu Stundenbeginn sollten die typischen drei Phasen durchlaufen werden:

1. Die Entspannungsphase: Die Teilnehmer sitzen bequem, schließen die Augen, atmen gleichmäßig und kommen zur Ruhe.
2. Die eigentliche Reise: Die Lehrkraft als „Reiseleitung" liest die Geschichte vor. Beim Vortragen sollte genug Raum zwischen den Sätzen gelassen werden, um individuelle Assoziationen zu ermöglichen.
3. Rückkehr in die Unterrichtsrealität: Die Bilder klingen langsam aus, die Schüler öffnen die Augen, strecken sich und werden motorisch wieder aktiver.

Konkrete Unterrichtsbeispiele:

- Kennzeichen von Lebewesen

„... Du bist in einem Raumschiff. Durch die Fenster siehst du die unendlichen Weiten des Weltraums. Du steuerst einen bislang unbekannten, kleinen Planeten an. Der Bordcomputer landet das Schiff ganz sanft. Du schlüpfst in deinen Raumanzug und steigst durch die Luke aus. Eine fremde Welt liegt vor dir! ..."

Die Reise führt zu einem fremden Planeten. Hier stoßen die Schüler auf einen großen, rosaroten Klumpen. Ist dieser Klumpen nun ein Lebewesen oder nicht? In einer freien Assoziation überlegen die Schüler, was sie tun könnten, um diese Frage zu lösen. Nach der „Rückkehr" werden die typischen Kennzeichen von Lebewesen (Reizbarkeit, Stoffwechsel, Fortpflanzung ...) zusammengetragen.

- Die Bedeutung von Pflanzen für den Menschen

Die Reise führt vom Aufwachen über das Frühstücken den gesamten Schulweg entlang bis zur Schule. Allerdings fehlen in dieser Welt alle pflanzlichen Produkte und alle Pflanzen. Nach der „Rückkehr" kann in einer Mindmap gesammelt werden, welche Bedeutung Pflanzen für uns haben.

über den auditiven Lernkanal zum Thema finden

passende Audiodateien und Abspielgerät

Durchführung:

Dieser auditive Zugang zum Unterrichtsthema sorgt für einen sehr ruhigen, konzentrierten Unterrichtsbeginn.
Die Lehrkraft kündigt an, dass sie gleich etwas ein- bzw. vorspielt und die Schüler erkennen sollen, worum es sich handelt. Die Schüler nennen ihre Vermutungen erst nach der Präsentation, um die anderen Schüler nicht zu stören.

Konkrete Unterrichtsbeispiele:

- Tiere im Lebensraum Wald

  Die Schüler hören das Klopfen eines Buntspechts vor dem Hintergrund einer „Waldatmosphäre". Sie erkennen, dass das Geräusch durch einen „Specht" verursacht wird. Die Hinführung zum eigentlichen Stundenthema geschieht durch die Aufforderung: „Beschreibt den Lebensraum des Spechts." Nachdem die Schüler den Lebensraum Wald schildern, kündigt die Lehrkraft an, dass die „Tiere im Lebensraum Wald" das Thema dieser Unterrichtsstunde sind.

- Bau und Funktion des menschlichen Herzens

  Die Schüler hören den Herzschlag eines Menschen. Sie erkennen vermutlich sehr schnell, worum es sich handelt. Die Lehrkraft stellt die Frage, wodurch diese Herztöne eigentlich genau verursacht werden. Diese Frage kann vermutlich nicht sofort beantwortet werden und legt nahe, dass man die Arbeitsweise des Herzens, und somit seinen Aufbau, näher betrachten muss.

30 Min.

Assoziationen zu einem Thema sammeln

bunte Eddings und Papier (am besten eine große Papierrolle als „Wandzeitung")

Durchführung:

Kawa steht für „Kreatives Analoggraffiti Wort Assoziationen" (nach Vera F. Birkenbihl). In der Mitte des Blattes steht ein Begriff oder ein Satz, gerne in Form eines Graffitis. Die Schüler schreiben individuelle Assoziationen zu möglichst vielen Buchstaben des Begriffs oder Satzes. Dabei kann jeder Buchstabe des vorgegebenen Begriffs oder Satzes der Anfangsbuchstabe eines assoziierten Wortes sein. Dies kann im Plenum oder in kleineren Schülergruppen erfolgen.

Konkrete Unterrichtsbeispiele:

- <u>HIV und AIDS</u>

- <u>Persönlichkeitsstärkung: Schönheitsideale, Essstörungen usw. hinterfragen</u>

- <u>Menschliche Einflüsse auf Ökosysteme</u>

Tipp:

Diese Einstiegsmethode ist relativ zeitaufwändig. Daher eignet sie sich vor allem zum Einstieg in eine längere Unterrichtssequenz, wo es besonders wichtig ist, die Alltagsvorstellungen, intuitiven Zugänge und Meinungen der Schüler zu thematisieren.

3 Min.

Verankerung des Unterrichtsthemas in der Lebenswelt der Schüler

Alltagsgegenstände, die das jeweilige Unterrichtsthema repräsentieren

Durchführung:

Diese Methode dient der Motivation im Rahmen der Einstiegsphase. Die Alltagsgegenstände machen neugierig und verankern das Unterrichtsthema in der Lebenswelt der Schüler. Eine geschickte Hinführung zum Stundenthema schließt diese Phase ab.

Konkrete Unterrichtsbeispiele:

- Aufbau einer Samenpflanze

Die Lehrkraft stellt nacheinander Gegenstände auf das Pult, die von verschiedenen Pflanzenteilen stammen, z. B. einen Strohhut (Stängel), ein Glas Honig (Blüten), eine Flasche Karottensaft (Wurzel), eine Packung Grüner Tee (Blätter), eine Packung Spaghetti (Früchte). Die Frage „Was haben diese Gegenstände gemeinsam?" wird von den Schülern sehr schnell beantwortet werden können – sie stammen alle von Pflanzen. Die anschließende Frage „Wodurch unterscheiden sich die Gegenstände, obwohl sie alle von Pflanzen stammen?" ist vermutlich schwerer zu beantworten und führt zum Stundenthema, beispielsweise „Wie ist eine Pflanze aufgebaut?".

- Pubertät

Präsentiert werden in beliebiger Reihenfolge typisch „kindliche" Gegenstände (z. B. Schnuller, Babypuder, Spielzeug usw.), für Pubertierende typische Gegenstände (z. B. Jugendzeitschrift „Bravo", Pickelcreme, eine Probepackung Tampons usw.) und Gegenstände, die typisch für Erwachsene sind (z. B. Rasierapparat, Autoschlüssel usw.). Die Schüler werden aufgefordert, die Gegenstände in drei Gruppen zu ordnen und diese Gruppen zu benennen. Vermutlich fällt hierbei schon der Begriff „Pubertät".

2.1 Notruf-Dreieck

1 Min.

Rückmeldung von Lernschwierigkeiten während des Erarbeitungsprozesses

Papprollen und farbige Notruf-Dreiecke (ggf. Farbausdrucke), evtl. Pappe

Durchführung:

Das Notruf-Dreieck ist eine einfache Methode, mit der die Schüler ihre Lernschwierigkeiten der Lehrperson spontan rückmelden können, ohne den Unterrichtsprozess zu stören.

Bedeutungen: Die Schüler stellen das Notruf-Dreieck so auf ihren Tisch, dass es gut sichtbar ist. Sie signalisieren das problemlose Fortschreiten ihres Arbeitsprozesses, indem sie die grüne Spitze nach oben ausrichten. Die rote Spitze meldet unüberwindliche Schwierigkeiten und ruft die Lehrperson um Hilfe herbei. Haben die Schüler Fragen, die nicht sofort beantwortet werden müssen, steht die gelbe Spitze oben.

Konkretes Unterrichtsbeispiel:

Eine Gruppe versteht eine Teilaufgabe nicht und signalisiert Gelb. Während sie warten, bearbeiten sie die anderen Teilaufgaben.

Tipps:

- Die Notruf-Dreiecke können die Schüler leicht selbst basteln: Auf ein Dreieck aus Pappe werden die Flächen mit rotem, gelbem und grünem Tonpapier geklebt (sofern kein Farbdrucker zur Verfügung steht), eventuell auch entsprechend beschriftet. Eine Papprolle (z. B. die Reste einer Klopapierrolle oder Küchenrolle) wird an zwei gegenüberliegenden Stellen eingeschnitten, sodass das Dreieck eingeklemmt werden kann. Es empfiehlt sich, das Dreieck stabil zu gestalten (z. B. mit Pappe oder durch Laminieren).

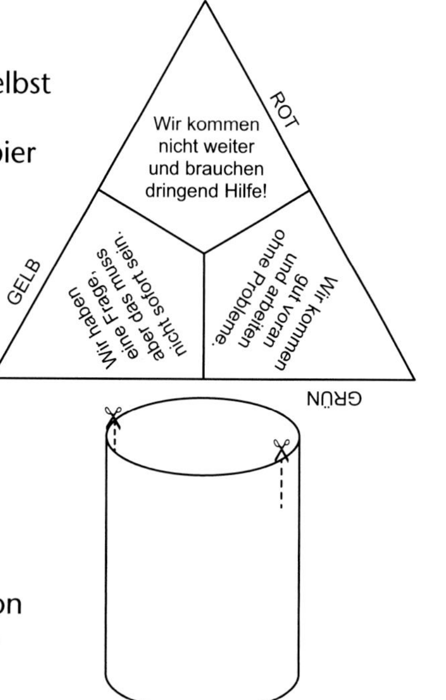

- Besonders gut geeignet ist diese Methode für Gruppenarbeiten. Doch auch im Klassenunterricht ist sie anwendbar: Hier hat jeder Schüler ein Notruf-Dreieck und signalisiert der Lehrperson während des Lehrervortrags oder Unterrichtsgesprächs Verständnisschwierigkeiten.

Nutzung des kinästhetischen Lernkanals

Laufdiktat-Karten, Schülerhefte, Stifte

Durchführung:

Lerneffekte hängen auch von der Beteiligung motorischer Felder im Gehirn ab. Beim Laufdiktat nutzt man den Faktor Bewegung, um das Speichern und Verarbeiten von Informationen zu fördern.

Zur Vorbereitung hängt die Lehrperson alle Laufdiktat-Karten in beliebiger Reihenfolge an allen Wänden, an der Tafel, an Türen usw. auf; gerne auch in wechselnder Höhe. Je drei oder vier Laufdiktat-Karten einer Farbe gehören zu einer Einheit. Die Einheiten, in die das Thema untergliedert ist, sind unabhängig voneinander. Die Schüler entscheiden, mit welcher Farbe sie beginnen. Sie laufen zu einer Karte, merken sich den Satz, kommen zurück zu ihrem Platz und schreiben ihn auf. So durchlaufen die Schüler Schritt für Schritt die gesamten Karten.

Konkretes Unterrichtsbeispiel:

Wildlebende Säugetiere

- Blauwal (auf 4 blauen Karten):

BL-----	--AU---	----W--	-----AL
Er ist das größte Tier der Welt (bis zu 33 m lang, bis zu 200 t schwer).	Seine Wanderungen führen ihn durch alle Weltmeere.	Er ernährt sich von Kleinkrebsen und Fisch. Im Winter frisst er nichts.	Nach elf Monaten Schwangerschaft kommt ein Blauwalkalb zur Welt.

- Löwe (auf 4 gelben Karten)
- Großer Ameisenbär (auf 4 rosa Karten)
- Afrikanischer Elefant (auf 4 grünen Karten)
- Biber (auf 4 weißen Karten)
- usw.

Tipp:

Die verschiedenen Konzentrationsfähigkeiten der Schüler führen zu unterschiedlichen Geschwindigkeiten, mit denen das Laufdiktat absolviert wird. Eine Differenzierung ist über die Einteilung in ein Pflichtpensum und einen Wahlbereich möglich.

strukturierte, kooperative Erarbeitung von Vorwissen, Argumenten, Meinungsbildern, Lösungen usw.

Placemats, Arbeitsaufträge

Durchführung:

Diese Methode eignet sich insbesondere zum Sammeln von Vorwissen oder vorunterrichtlichen Vorstellungen, zur Erarbeitung von Argumenten, zur Darstellung von Meinungsbildern und zur Erarbeitung von Lösungen.
Die Schüler arbeiten in Gruppen, jede Gruppe erhält ein Placemat. Sie erhalten einen Arbeitsauftrag zu einem bestimmten Thema. Nun folgt eine Phase der Einzelarbeit: Jeder Schüler bearbeitet die Aufgabe in „seinem" Feld des Placemats. Dabei wird nicht gesprochen. In der zweiten Phase liest jeder die Notizen der anderen, das Placemat wird dabei entsprechend gedreht. In der dritten Phase entscheidet die Gruppe gemeinsam, was als Konsens in die Mitte des Placemats geschrieben wird. Abschließend präsentiert jede Gruppe ihren Konsens kurz im Plenum. Die Placemats können auch als Plakate an die Wand gehängt werden.

Placemat für eine 4er-Gruppe:

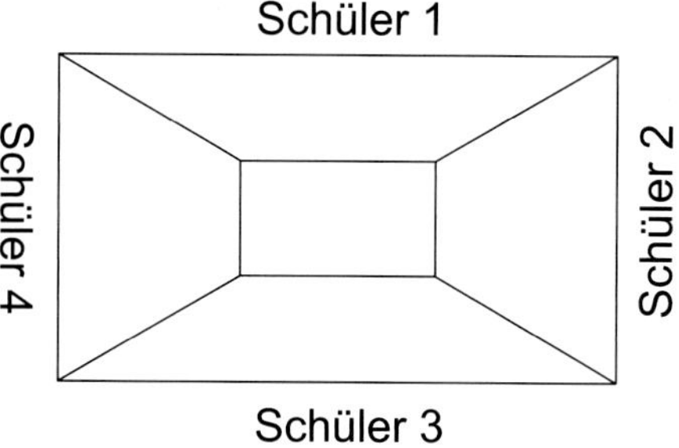

Konkrete Unterrichtsbeispiele:

- zum Sammeln von Vorwissen oder vorunterrichtlichen Vorstellungen:
  „Wie könnte aus einem vierbeinigen Landsäugetier der Blauwal entstanden sein?"
- zur Erarbeitung von Argumenten:
  „Sammle Pro- und Contra-Argumente zum Thema „Gendiagnostik von Erbkrankheiten".
- zur Darstellung von Meinungsbildern:
  „Was hältst du davon, Cannabis zu legalisieren?"
- zur Erarbeitung von Lösungen:
  „Erstellt eine Anleitung für ein Experiment, mit dem man herausfinden kann, ob Hefe auch von Milchzucker leben kann."

Fachtexte erschließen, Wesentliches zusammenfassen

Texte A und B (im Schulbuch oder per Arbeitsblatt), die sich sinnvoll ergänzen oder verschiedene Schwerpunkte des Themas abdecken; Spickzettel (z. B. Karteikarten); Stift

Durchführung:

Die Schüler erhalten entweder Text A oder Text B. Sie lesen ihren Text, unterstreichen Schlüsselbegriffe und klären eventuell unbekannte Fachbegriffe, z. B. mithilfe des Schulbuchs.

Anschließend erstellen sie einen Spickzettel nach folgenden Regeln:

- Es dürfen maximal 5–8 Stichpunkte aufgeschrieben werden (die exakte Anzahl wird zuvor festgelegt).
- Es dürfen zusätzlich Symbole oder Zeichnungen aufgenommen werden.

Nun bilden sich Paare (A und B). Schüler A erklärt seinem Lernpartner die wichtigsten Inhalte seines Textes mithilfe seines Spickzettels. Schüler B schreibt auf der Rückseite seines Spickzettels mit. Dann ist Schüler B mit seinem Vortrag an der Reihe, während sich Schüler A Notizen macht.

Konkrete Unterrichtsbeispiele:

- Einheimische Reptilien
  Text A: „Die Kreuzotter"
  Text B: „Die Ringelnatter"
- Das Prinzip der Oberflächenvergrößerung
  Text A: Bau und Funktion der Wurzelhaare
  Text B: Bau und Funktion der Oberfläche des menschlichen Dünndarms
- Die „Zuckerkrankheit"
  Text A: Diabetes Typ I
  Text B: Diabetes Typ II
- Gentechnisch veränderte Pflanzen
  Text A: Angestrebte Ziele
  Text B: Mögliche Risiken

2.5 WebQuests

15–90 Min.

Fachwissen in einer computergestützten Lernumgebung erschließen, Medienkompetenz fördern

Internetzugang oder die Informationen in Form von Offline-Dateien

Durchführung:

WebQuests sind Lernarrangements, die online oder offline zur Verfügung gestellt werden. Die Lehrperson erstellt sie entweder selbst oder greift auf veröffentlichte WebQuests zurück. Die Schüler arbeiten in Partnerarbeit oder in Kleingruppen die WebQuest Schritt für Schritt eigenständig durch.

Eine WebQuest ist typischerweise so aufgebaut:

1. eine motivierende **Einführung** in das zu bearbeitende Thema;
2. die **Aufgabenstellung** mit den konkreten Arbeitsaufträgen und oft auch einem Vorschlag für die **Vorgehensweise**;
3. die **Quellen**, die zur Lösung der Aufgaben genutzt werden können, z. B. vorselektierte Internetlinks, Hinweise auf Bücher und Zeitschriften und Experimente;
4. eine Angabe zur **Präsentation** der Ergebnisse, z. B. als Plakat, Wandzeitung, PowerPoint-Vortrag oder Internet-Seite;
5. ein **Bewertungsschema** mit Bewertungskriterien zur eigenständigen, selbstkritischen Reflexion des Arbeitsprozesses und der Arbeitsergebnisse.

Die Schüler fördern ihre Medienkompetenz, indem sie die Quellen sichten, bewerten und strukturieren. Durch die vorselektierten Links lernen sie „gute" bzw. besonders geeignete Internetseiten kennen, eine wichtige Grundlage für das Bewerten der Qualität von Webseiten.

Konkrete Unterrichtsbeispiele:

https://www.webquests.de/materialien/bio.html

Tipp:

Über das Portal Lehrer-Online (www.lehrer-online.de) findet man eine Übersicht über WebQuest-Generatoren, Anleitungen und weitere Beispiele.

2.6 Lerntempo-Duett

45 Min. 

Fachwissen im Wechsel von Einzel- und Partnerarbeit erschließen

Arbeitstexte mit Aufgaben, Haltestellen-Symbole mit Aufgabennummern, evtl. Zonenschilder

Durchführung:

Im Lerntempo-Duett wechseln die Schüler stets zwischen Einzel- und Partnerarbeit. Das Klassenzimmer wird in den Bereich „Stillarbeitszone" (die normalen Schülertische) und „Flüsterzonen" (die nicht durch Schülerarbeitsplätze belegten Flächen) eingeteilt. Im Bereich der „Flüsterzonen" befinden sich an der Wand Symbole mit den jeweiligen Aufgabennummern.
Die Schüler erhalten Arbeitstexte, die in regelmäßigen Abständen von Aufgaben unterbrochen sind. Sie bearbeiten in Einzelarbeit den ersten Abschnitt inklusive Aufgabe 1. Sobald sie diese gelöst haben, gehen sie zur „Haltestelle 1" im „Flüsterbereich", treffen dort einen Schüler, der ebenfalls mit Aufgabe 1 fertig ist und vergleichen, korrigieren oder ergänzen ihre Ergebnisse. Sobald sie damit fertig sind, gehen sie an ihren Platz zurück, bearbeiten Aufgabe 2 und finden einen neuen Partner mit einem ähnlichen Lerntempo zum Abgleich der Ergebnisse bei „Haltestelle 2".

Konkretes Unterrichtsbeispiel:

Klassische Genetik: Die Mendelschen Regeln

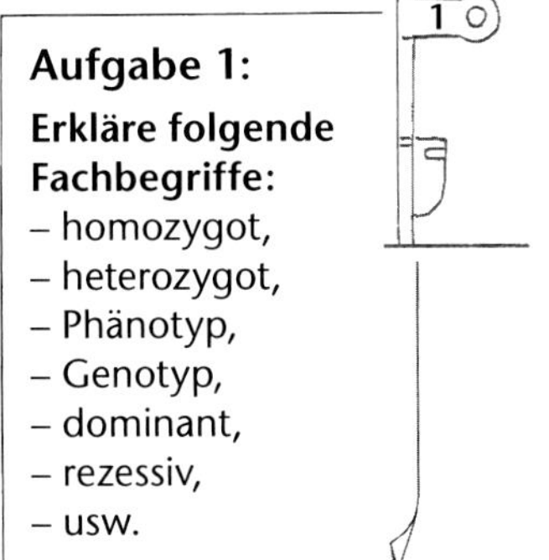

2

Aufgabe 2:
Fertige ein Kreuzungsschema an:
Ein homozygotes Meerschweinchen der Farbe braun/weiß wird mit einem ebenfalls homozygoten braunen Meerschweinchen …

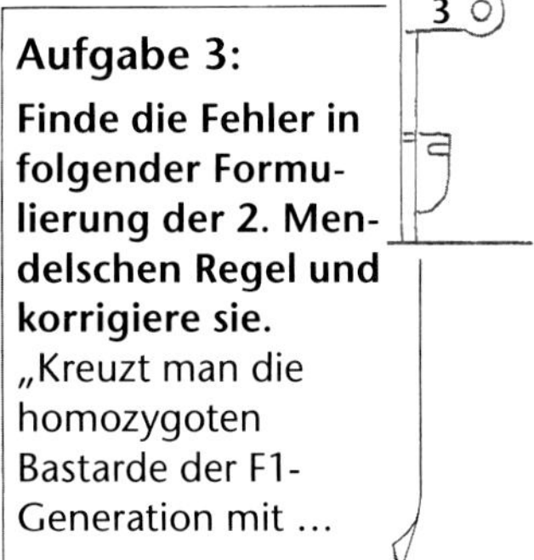

Tipp:

Die Lernpartner, die sich an einer Haltestelle gefunden haben, sollten an eine freie Stelle im „Flüsterbereich" gehen. Sonst besteht die Gefahr, dass sich an den Symbolen immer größere Gruppen bilden.

2.7 Forscherkonferenz

kooperatives Lernen und adressatengerechte Vermittlung des Wissens

evtl. Arbeitsanleitungen, Protokollvorlagen usw.

Durchführung:

Die Forscherkonferenz ist eine Variation des Gruppenpuzzles (Jigsaw):

- **Phase 1:** Die Schüler erarbeiten sich zunächst in Partnerarbeit oder in Kleingruppen ihre Aufgaben. Jedes Forscherteam bearbeitet dabei einen anderen Aspekt des Unterrichtsthemas. Sie bereiten sich darauf vor, ihre Arbeit zu präsentieren.
- **Phase 2:** Die Experten treffen sich zur Forscherkonferenz. Diese besteht aus je einem Mitglied jedes Forscherteams. Sie präsentieren sich gegenseitig ihre Ergebnisse und reagieren auf Nachfragen. Jeder Schüler protokolliert die wichtigsten Ergebnisse aller Forschungsteams. Hierzu kann die Lehrperson eine Protokollvorlage in Form eines Arbeitsblattes anbieten.

Konkretes Unterrichtsbeispiel:

Unter welchen Bedingungen keimen Samen?

- **Phase 1**

Forscherteam (bestehend aus je 4 Schülern)	**Untersucht die Abhängigkeit der Keimung von Bohnensamen, Basilikumsamen (Lichtkeimer) und Maiskörnern (Dunkelkeimer) von ...**
A (Schüler A_1 A_2 A_3 A_4)	... Licht.
B (Schüler B_1 B_2 B_3 B_4)	... Wasser.
C (Schüler C_1 C_2 C_3 C_4)	... Erde.
D (Schüler D_1 D_2 D_3 D_4)	... Dünger.

- **Phase 2**

  Folgende Schüler treten zur Forscherkonferenz zusammen:

  Schüler A_1 B_1 C_1 D_1 Schüler A_2 B_2 C_2 D_2

  Schüler A_3 B_3 C_3 D_3 Schüler A_4 B_4 C_4 D_4

In jeder Konferenz entsteht als „Tagungsergebnis" ein Gesamtbild der Faktoren, die für die Samenkeimung notwendig sind.

Tipp:

Die Konferenz ist auch im Plenum möglich.

2.8 Schnipsel-Montage

Textverständnis trainieren, Fachwissen aus Textbausteinen erschließen

Textschnipsel, evtl. Klebestift

Durchführung:

Bei dieser unkonventionellen Texterarbeitung erhalten die Schüler ein Set ungeordneter Textschnipsel. Zusammen mit einem Lernpartner lesen sie zunächst alle Schnipsel durch und bringen sie dann in eine logische Reihenfolge. Die Schnipsel können anschließend eingeklebt werden, der gesamte Text kann abgeschrieben werden, oder die Lehrkraft teilt den Text noch einmal zusammenhängend aus.

Konkretes Unterrichtsbeispiel:

Die Symbiose der Knöllchenbakterien mit der Erbsenpflanze

Die Knöllchenbakterien (Rhizobien) kommen sehr häufig im Boden vor.
Die Wurzeln der Erbsenpflanze geben Stoffe ab, von denen die Knöllchenbakterien angelockt werden.
Die Knöllchenbakterien heften sich an die Wurzelhaare an und dringen in sie ein.
Als Folge dieser Infektion bilden die Wurzeln kleine Verdickungen, die Knöllchen, in denen sich die ...
... Bakterien einschließen lassen. Hier bekommen sie Nährstoffe von der Erbsenpflanze und vermehren sich.
Als „Gegenleistung" wandeln die Knöllchenbakterien einen Teil der Luft, den Stickstoff, in Dünger ...
... (Ammonium-Verbindungen) für die Erbsenpflanze um. Dadurch wächst sie besser. Die Ammonium-...
...-Verbindungen kann die Erbsenpflanze auch nutzen, um Eiweiß in ihren Samen aufzubauen.
Wegen des hohen Eiweißgehaltes sind Erbsen bei Vegetariern ein sehr beliebtes Nahrungsmittel.

Tipp:

Je mehr Textschnipsel ganze Sätze enthalten, umso höher ist der Schwierigkeitsgrad, da die Schüler die korrekte Abfolge rein durch den Inhalt erschließen müssen.

Erarbeitung von ökologischen oder systematischen Zusammenhängen

Informationstexte

Durchführung:

Die Schüler arbeiten in Zehner-Gruppen. Jeder Schüler bekommt einen Text mit Informationen zu „seiner" Tier- oder Pflanzenart und macht sich damit vertraut. Anschließend rücken die Schüler ihre Stühle in zwei Reihen: Fünf Schüler sitzen auf festen Sitzplätzen nebeneinander, ihnen gegenüber sitzen die restlichen fünf Schüler auf „mobilen" Plätzen. Die gegenüber sitzenden „Speed-Dating-Paare" befragen sich gegenseitig und finden anhand der Informationen der Texte heraus, ob sie „zueinander passen". Nach einer von der Lehrkraft vorgegebenen Zeit rücken die „mobilen" Schüler einen Platz weiter, sodass sie nacheinander allen möglichen Partnern begegnen. Ist dies geschehen, finden sich die zusammengehörigen Paare.

Konkrete Unterrichtsbeispiele:

- Blumentypen und die daran angepassten Bestäuber
  In einer Reihe sitzen Schüler mit Informationstexten zu den verschiedenen Blumentypen (Bienenblumen, Fliegenblumen, Falterblumen, Hummelblumen, Käferblumen). In der anderen Reihe sitzen die Schüler mit den Texten zu den entsprechenden Insektengruppen.

- Verwandtschaft bei Pflanzen (oder Tieren)
  Jeweils zwei Vertreter derselben Pflanzenfamilie (oder Tiergruppe) müssen sich finden.

Ich bin der Sommerflieder. Meine Blüten sind wunderbar violett. Sie sind wie kleine Stielteller geformt, das heißt, sie haben einen tellerförmigen Landeplatz und eine sehr enge Röhre. Am Grund dieser Röhre stelle ich Nektar bereit. Ich bin ziemlich zart gebaut. Dicke, schwere Insekten mag ich überhaupt nicht. ...

Ich bin ein Schmetterling und ständig auf der Suche nach Nektar. Ich bin total graziös. An meinem Kopf befindet sich ein langer, dünner Saugrüssel. Damit komme ich in die engsten Röhren und Spalten hinein. Ich finde die Blütenfarben „rot" und violett sehr attraktiv. ...

Tipp:

Die zusammengehörigen Paare können anschließend in Partnerarbeit weiterarbeiten, ihre Informationstexte kombinieren und zu einem gemeinsamen Produkt ausarbeiten, z. B. in Form eines Textes oder eines Plakats.

3.1 Gestufte Lernhilfen

5–10 Min. 

differenzierte Unterstützung für Schüler unterschiedlicher Kreativität, Abstraktions- und Transferfähigkeit

Komplexe Aufgabe, gestufte Lernhilfen dazu

Durchführung:

Gestufte Lernhilfen führen schrittweise zur Lösung. Jeder Schüler entscheidet für sich, ob und wie viele dieser Lernhilfen er nutzt. Die erste Hilfe bezieht sich in der Regel auf das Verständnis der Aufgabenstellung selbst, die letzte Hilfe stellt die Lösung vor. Die Hilfen sind also strategische oder inhaltliche Hinweise.

Konkrete Unterrichtsbeispiele:

- strategische Hinweise: „Formuliere die Aufgabe in eigenen Worten."; „Schreibe die gegebenen Daten heraus."
- inhaltliche Hinweise: „Bedenke, dass zwischen dem CO_2-Gehalt der Luft und der Fotosyntheserate ein Zusammenhang besteht."; „Beachte besonders diesen Aspekt: Die Hemmung des Enzyms erfolgt nicht am aktiven Zentrum."
- Aufgabe: Wieso platzen Kirschen bei Regen?

	Hilfetext	**Lösung zum Hilfetext**
Hilfe 1	Was genau sollt Ihr herausfinden?	Wir sollen erklären, wieso Kirschen bei Regen platzen.
Hilfe 2	Kirschen sind Pflanzen. Denkt daran, woraus jedes Pflanzengewebe besteht.	Wir wissen, dass Pflanzen aus Zellen aufgebaut sind. Eine pflanzliche Zelle besteht aus …
Hilfe 3	…	…

Tipp:

Einfach herzustellen sind gestufte Hilfen mit dieser Falttechnik:

Hier steht Hilfetext 1.	Hilfe 1	Hier steht die Lösung zum Hilfetext 1.

differenzierte Unterstützung von Schülern mit unterschiedlichen Lerntempi und individuellen Motivationslagen

Arbeitsblätter mit Pflicht- und Zusatzaufgaben

Durchführung:

Die Schüler haben bereits Informationen zu dem Lerninhalt erhalten. Nun bearbeiten sie, je nach Lerntempo und Motivationslage, Aufgaben dazu.

- Die Aufgaben können gesammelt auf einem Arbeitsblatt aufgelistet sein. Die erste Aufgabe stellt die „Basisaufgabe" dar, die alle Schüler bearbeiten müssen (selbstverständlich können es auch mehrere Basisaufgaben sein). Alle weiteren „Leistungsaufgaben" sind freiwillig.
- Alternativ können die „Leistungsaufgaben" auch einzeln an einer Lerntheke bereitliegen.

Konkretes Unterrichtsbeispiel:

Wind- und Insektenbestäubung von Blütenpflanzen

Aufgabe 1: Bearbeite folgende Tabelle.

	Windbestäubung	**Insektenbestäubung**
Größe/Form der Blüten		
Farbe der Blüten		
Anzahl der Pollen		
Eigenschaften der Pollen		
Ideales Wetter		

Prima, du hast die Basisaufgabe geschafft!
Suche dir nun eine oder mehrere der „Leistungsaufgaben" aus:

Aufgabe 2: Betrachte die Bilder der folgenden Pflanzen und ihrer Blüten. Entscheide, ob sie durch Wind oder von Insekten bestäubt werden.
Aufgabe 3: Manchmal gibt es gelben „Schwefelregen". Finde heraus, worum es sich bei diesem Phänomen handelt und was diesen Regen Ende Mai verursacht.
Aufgabe 4: Schreibe einen Gesundheitsratgeber für Pollenallergiker.

Tipp:

Sowohl zu den Basisaufgaben als auch zu den weiterführenden Aufgaben können Lösungsvorschläge zur Selbstkontrolle bereitgestellt werden. Liegen diese am Lehrertisch, hat die Lehrperson auch einen ungefähren Überblick zur Akzeptanz der verschiedenen Aufgaben.

3.3 Verschiedene Informationsmaterialien

 10–30 Min. 

differenzierte Unterstützung individueller Lernzugänge

Materialien, die die Lerninhalte auf verschiedene Weisen darstellen

Durchführung:

Zur Erarbeitung eines Lerninhalts bietet man den Schülern eine Auswahl von unterschiedlichen Informationsmaterialien an.

Konkretes Unterrichtsbeispiel:

Die Atmungsorgane des Menschen

Zur Informationsgewinnung stehen folgende Materialien zur Auswahl:

Ein relativ ausführlicher Fließtext über die Atmungsorgane des Menschen mit interessanten Details, der **eigenständig erschlossen** werden kann.

Ein kürzerer Fließtext, der bereits **auf das Wichtigste fokussiert** und durch **Hervorhebungen** gegliedert ist.

Eine **tabellarische Auflistung** der Atmungsorgane, ihren Aufbau und ihre Funktionen:

Atmungs-organ	Bau	Funktion
...	....	...

Domino-Kärtchen zum Ausschneiden und ordnen, die den Lerninhalt in **kleine Texteinheiten** gliedern:

Nun strömt die Atemluft in die Luftröhre. Sie ist etwa 10 cm lang ...

Ein für alle Schüler angestrebtes Lernziel ist es, eine Schemazeichnung zu Bau und Funktion der Atmungsorgane beschriften zu können.

Tipp:

Manchmal eignet sich auch das Angebot verschiedener Medien zur Differenzierung:

Podcasts (z. B. Schulfunk),

Filmclips (z. B. Youtube),

interaktive Lernprogramme (z. B. Schulbuchverlage, FWU).

differenzierte Unterstützung von Schülern unterschiedlicher Konzentrations-, Abstraktions- und Transferfähigkeiten

Arbeitsblatt mit leistungsdifferenzierenden Aufgaben

Durchführung:

Die Schüler haben bereits Informationen zum Lerninhalt erhalten. Sie wählen nun zur Bearbeitung Aufgaben aus, die ein unterschiedliches Anforderungsniveau aufweisen. Der Schwierigkeitsgrad der Aufgaben ist gekennzeichnet. Wenn möglich, sollten die Schüler die Sozialform wählen können, in der sie die Aufgaben erledigen.

Konkretes Unterrichtsbeispiel:

Kiemenatmung und Lungenatmung im Vergleich

Aufgabe 1 ☆

Bearbeite den Lückentext zur Kiemenatmung der Fische. Fertige dann eine Tabelle an, die Kiemen- und Lungenatmung gegenüber stellt.

Kiemenatmung	Lungenatmung

Aufgabe 2 ☆☆

Verfasse Frage-Antwort-Kärtchen zur Kiemenatmung der Fische und zur Lungenatmung der Säugetiere.

Aufgabe 3 ☆☆☆

Verfasse ein Gespräch zwischen einer Forelle und einem Menschen, in dem sie über „ihre" Atmung sprechen und diese miteinander vergleichen.

Berücksichtigung unterschiedlich kommunikativer / kooperativer Lerntypen

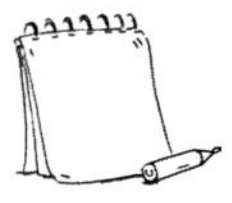

Informations- oder Arbeitsblätter für die Einzelarbeit und für die Partnerarbeit

Durchführung:

Manche Schüler bevorzugen das kooperative Lernen mit einem oder mehreren Mitschülern, andere lernen lieber alleine. Die Schüler wählen die Sozialform, in der sie die Thematik erarbeiten wollen. Entsprechend ihrer Wahl erhalten sie die, nach der Sozialform differenzierten, Arbeitsbögen. Der „Einzelarbeitsbogen" enthält alle notwendigen Informationen. Die beiden „Partnerarbeitsbögen" enthalten je nur einen Teil der Informationen, die sich inhaltlich ergänzen.

Konkretes Unterrichtsbeispiel:

Regulation des Blutzuckerspiegels beim Menschen

	Einzelarbeitsblatt	**Partnerarbeitsblatt A**	**Partnerarbeitsblatt B**
Informationen zu Bildungsort und Funktion von …	… Insulin und Glucagon.	… Insulin.	… Glucagon.
Aufgabe 1	eigenständiges Erarbeiten	zunächst eigenständiges Erarbeiten, dann gegenseitiger Informationsaustausch	
Aufgabe 2	Erstellen eines Pfeildiagramms	Erstellen eines Pfeildiagramms	

differenzierte Unterstützung verschiedener Lerntypen

Lernstationen, die verschiedene Sinnesmodalitäten berücksichtigen

Durchführung:

Im „Medien-Schlaraffenland" Biologie hat man häufig die Möglichkeit, Lerninhalte so aufzubereiten, dass sie alle Sinne ansprechen. Dieses „Lernen mit allen Sinnen" lässt sich gut im Rahmen eines Stationentrainings verwirklichen. Selbst der Geruchs- und Geschmackssinn lässt sich häufig mit den Lerninhalten verknüpfen. Jede Lernstation bietet einen anderen sensorischen Zugang zur Thematik.

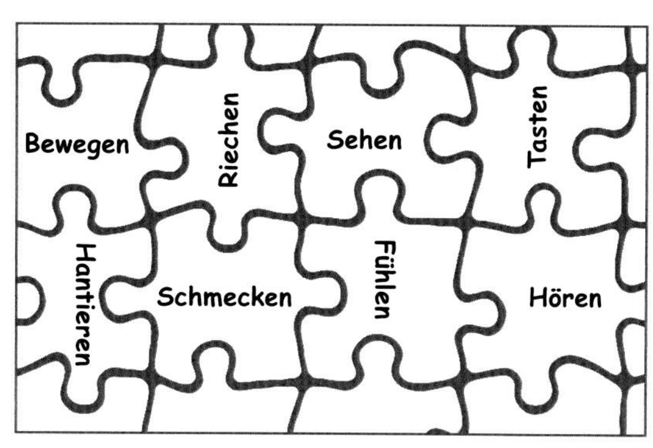

Konkretes Unterrichtsbeispiel:

Lernstationen zum Nutztier Rind

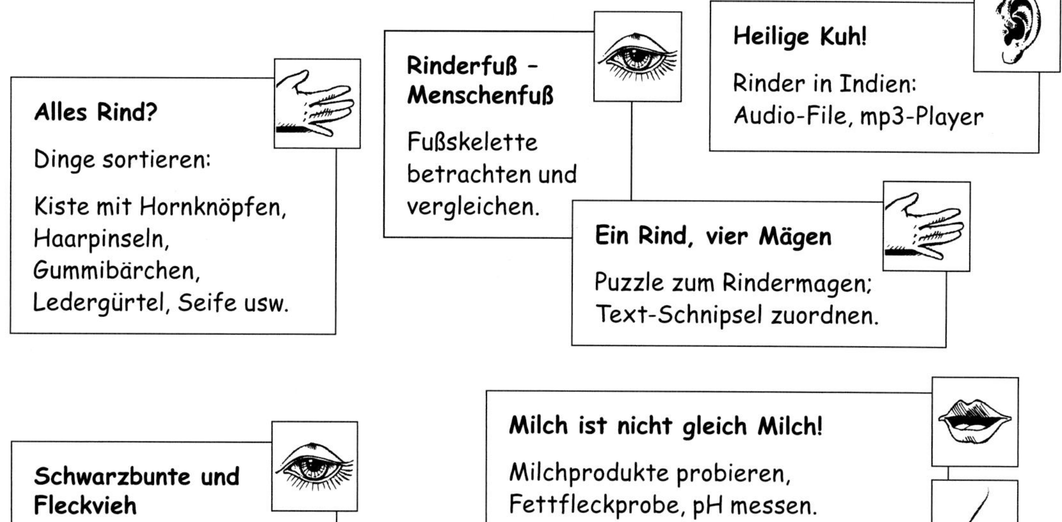

differenzierte Unterstützung von Schülern unterschiedlicher Kreativität, Abstraktions- und Transferfähigkeiten

Arbeitsblatt mit methodendifferenzierenden Aufgaben

Durchführung:

Die Schüler haben bereits Informationen über den Lerninhalt bekommen. Zur Bearbeitung wählen sie nun Aufgaben aus, die sich in der methodischen Umsetzung deutlich unterscheiden. Auch hier wählen die Schüler die Sozialform.

Konkretes Unterrichtsbeispiel:

Borkenkäfer (Buchdrucker)

1. Lies den Text über den Bau und die Lebensweise des Borkenkäfers / Buchdruckers.
2. Wähle dann **eine** der folgenden Aufgaben aus. Du kannst alle Aufgaben alleine oder in einer kleinen Gruppe bearbeiten.

- ◆ Überlege dir ein Drehbuch für ein **Hörspiel** aus der Perspektive der Fichte, die vom Borkenkäfer befallen wird. Alle im Text durch Fettdruck markierten Fakten sollten vorkommen. Erstelle einen Podcast.
- ● Schreibe eine Geschichte aus der Sicht eines Borkenkäfermännchens, das eine **Heiratsanzeige** aufgibt. Versuche, alle durch Fettdruck markierten Fakten aus dem Text in deiner Anzeige unterzubringen.
- ✱ Gestalte ein **Plakat**, das alle wichtigen Fakten zum Bau und zur Lebensweise des Borkenkäfers in einer künstlerischen Weise darstellt.
- ❁ Überlege dir ein **Rollenspiel** zwischen Borkenkäfer und Fichte und führe es mit der Klasse durch. Du führst die Regie oder beteiligst dich als Schauspieler. Alle wichtigen Fakten sollten vorkommen.

Modelle zur Veranschaulichung von Struktur und Funktion nutzen, ohne den eigentlichen Charakter eines „Modells“ zu reflektieren

Struktur- oder Funktionsmodell, Wortkarten, rückstandslos abnehmbare Klebestreifen

Durchführung:

Diese Methode eignet sich idealerweise beim Stationenlernen, da das jeweils benötigte Modell in der Regel nur in einfacher Ausfertigung zur Verfügung steht. Die Schüler ordnen die Wortkärtchen den jeweiligen Strukturen zu und befestigen sie mit einem Klebeband.

Konkrete Unterrichtsbeispiele:

- Bau des menschlichen Skeletts
  Die Wortkärtchen lauten z. B. (s. Bild): „Brustbein“, „Speiche“, „Elle“, „Schienbein“, „Oberarmknochen“, „Unterkiefer“, „Wirbelsäule“ und „Wadenbein“.

- Bau eines Getreidekorns
  Die Wortkärtchen lauten z. B.: „Fruchtschale“, „Eiweißschicht“, „Mehlkörper“, „Schildchen“ und „Embryo“.

- Gelenktypen
  Die Wortkärtchen lauten z. B.: „Kugelgelenk“, „Sattelgelenk“, „Scharniergelenk“ und „Drehscharniergelenk“.

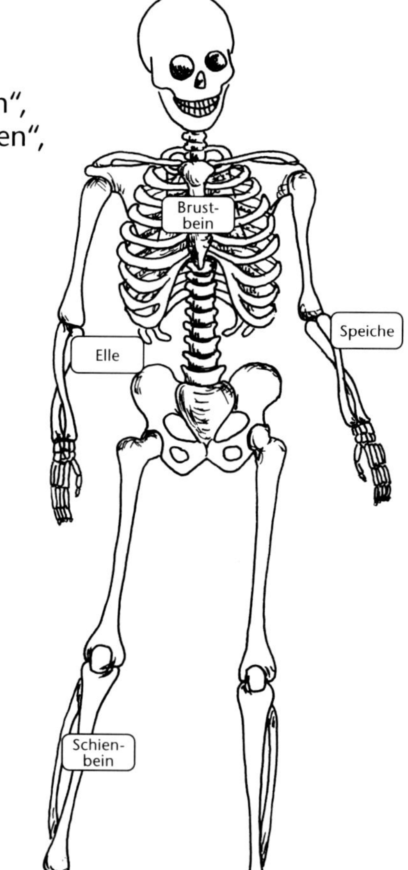

Tipps:

- Die Rückseite der Wortkärtchen können erläuternde Texte enthalten, damit die Zuordnung leichter möglich ist.
- Bevor die Schüler die Kärtchen wieder abnehmen, können sie die Begriffe auf ein entsprechend gestaltetes Arbeitsblatt übertragen.

Becken
Waden-
bein
Unter-
kiefer
Wirbel-
säule
Oberarm-
knochen

Lerninhalte durch selbst erstellte Modelle veranschaulichen; Modelle als idealisierte Abbildungen begreifen

Informationstext, Materialien zum Modellbau

Durchführung:

Die Schüler erhalten einen Text zum thematisierten Lerninhalt. Sie entnehmen alle relevanten Informationen und überlegen sich, wie sie diese in einem Struktur- oder Funktionsmodell darstellen könnten. Die dazu nötigen Materialien wählen sie aus einem bereits vorhandenen Fundus aus oder sie suchen sie selbst zusammen.

Konkrete Unterrichtsbeispiele:

- Bau eines Erythrozyten

  Als Materialpool könnte man zur Verfügung stellen:

  - Membran: Nylon-Strumpf, Gefrierbeutel oder Plastiknetz
  - Hämoglobin: rote Wolle / Stoffreste / Pfeifenreiniger / Tonpapier
  - Sauerstoff: Perlen, Knöpfe, Reißzwecke
  - Fertigungshilfen: Kleber, Nähnadel, Faden, Klebeband

Erythrozyten: *Ein rotes Blutkörperchen ist eine ganz besondere Zelle. Es ist scheibchenförmig und von einer Zellmembran umgeben. Es besitzt weder einen Zellkern noch andere Zellorganellen. So ist im Inneren sehr viel Platz für den roten Blutfarbstoff, das Hämoglobin. Hämoglobin kann den Sauerstoff aus der Atemluft festhalten. Gelangt das rote Blutkörperchen an eine Stelle im Körper, wo der Sauerstoff gebraucht wird, lässt das Hämoglobin los und das Sauerstoff-Teilchen verlässt das rote Blutkörperchen wieder.*

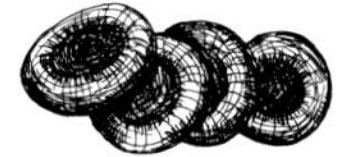

- Bau der DNA

  Der Informationstext enthält alle nötigen Details zum Bau der Erbsubstanz (Desoxyribose, Phosphat, Adenin, Guanin, Cytosin, Thymin, komplementäre Basenpaarung, Doppelhelix usw.). Die Schüler setzen diese Information um, indem sie ein Modell aus Süßigkeiten und Zahnstochern basteln. Sie wählen die Süßigkeiten selbst aus (z. B. Lakritz und / oder Gummibärchen in verschiedenen Formen).

Tipp:

Die fertigen Modelle könnten ausgestellt und prämiert werden (siehe 7.1).

kriteriengeleitetes Vergleichen mehrerer verwandter Objekte; Abstraktion auf das Wesentliche und Darstellung als Modell

Realobjekte oder Realbilder, Materialien zum Modellbau

Durchführung:

Die Schüler erhalten Realobjekte oder Realbilder von verschiedenen Vertretern einer systematischen Gruppe, z. B. einer Tiergruppe oder einer Pflanzenfamilie. Sie vergleichen die verschiedenen Objekte und finden Gemeinsamkeiten und Unterschiede. Die Gemeinsamkeiten sind charakteristisch für die systematische Gruppe und können modellhaft dargestellt werden.

Konkrete Unterrichtsbeispiele:

- Pflanzenfamilien (z. B. Kreuzblütler)
  Die Schüler vergleichen drei Vertreter der Kreuzblütler, beispielsweise Knoblauchsrauke, Raps und Acker-Hellerkraut. Sie finden folgende Gemeinsamkeiten: Die Blüten besitzen vier Kelchblätter, vier Kronblätter, sechs Staubblätter und einen Stempel. Mit einfachen Materialien (z. B. einem Flaschenkorken für den Blütenboden, Tonpapier in zwei Farben und verschiedenen Stecknadeln sowie Klebeband) fertigen sie ein Strukturmodell an, das alle untersuchten Pflanzen repräsentiert. Sie erfahren so, dass diese Eigenschaften typisch für eine Pflanzengruppe sind, die man sinnigerweise „Kreuzblütler“ nennt.

- Spinnen
  Die Schüler vergleichen mehrere Spinnenarten und setzen deren Gemeinsamkeiten mit Pfeifenreinigern und Styroporkugeln in ein Modell um.

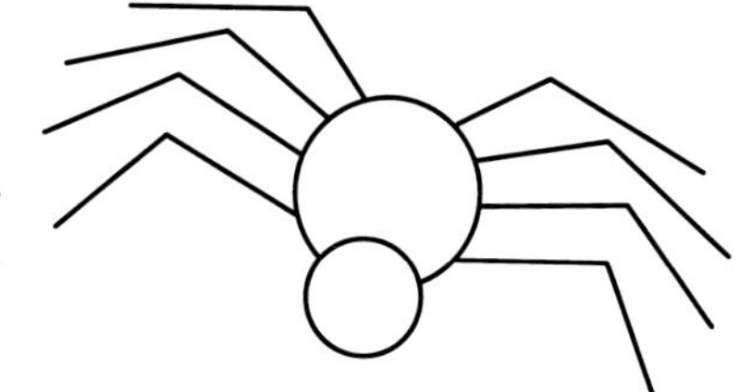

Tipp:

Diese Methode eignet sich sehr gut für Gruppenarbeiten. Jeder Schüler der Gruppe erhält eine andere Pflanzen- bzw. Tierart. Der Modellbildungsprozess führt zum Gruppenprodukt.

Realobjekte durch selbst erstellte Modelle veranschaulichen; Modelle als idealisierte Abbildungen begreifen

geeignete Objekte und Geräte für die Untersuchung der Realobjekte, Alltagsgegenstände oder Bastelmaterialien zum Modellbau

Durchführung:

Ein Realobjekt, dessen Bau nicht ganz offensichtlich ist, wird untersucht. Die daraus resultierenden Vermutungen werden mit möglichst einfachen Materialien modellhaft dargestellt. Gibt man die Materialien zum Modellbau vor, ist die Aufgabe der Modellbildung deutlich einfacher zu bewältigen.

Konkretes Unterrichtsbeispiel:

Der Bau einer menschlichen Zelle (Mundschleimhautzelle)

Die Schüler mikroskopieren ihre Mundschleimhautzellen. Das zweidimensionale, lichtmikroskopische Bild wird nun von den Schülern selbstständig mit Materialien, wie einem Tennisball (als Zellkern), einer dünnen Plastiktüte (als Zellmembran) und Luft (als Zellplasma), als dreidimensionales Modell einer Zelle gedeutet.

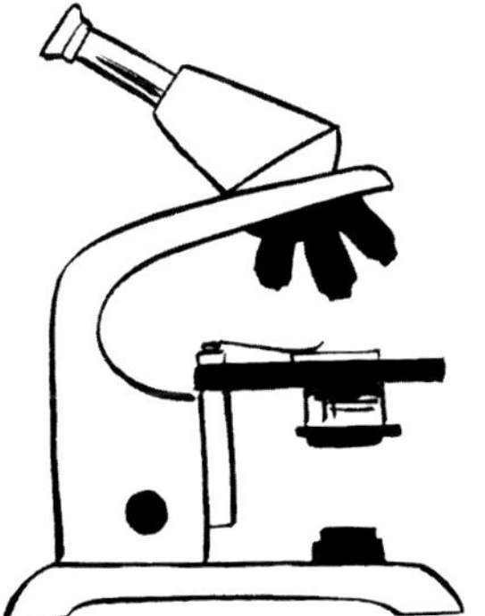

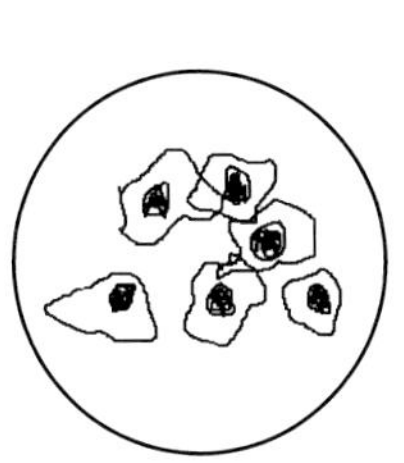

Tipps:

- Um die Modellkompetenz der Schüler zu entwickeln, ist es weniger zielführend, „gut sichtbare" Realobjekte wie beispielsweise Tulpen, Regenwürmer etc. modellhaft darstellen zu lassen. Denn hier ist das Nachbauen oft zu einfach. So kann das Anliegen, Modelle als Vorstellungshilfe (oder Hypothese) zu begreifen, verlorengehen.
- Alle im Lichtmikroskop sichtbaren Objekte (Zwiebelschuppenepidermis, Wasserpestblättchen, Pantoffeltierchen usw.) sind dagegen gut geeignet.

5.1 **Gallery Walk** (Galeriegang)

30–45 Min. 

Fachwissen in Form eines Plakates präsentieren und erklären

Arbeitsblatt

Durchführung:

Die Schüler A/B haben zunächst in einer arbeitsteiligen (themendifferenzierenden) Partnerarbeit ein Plakat erstellt, d. h. ein Schülerpaar A/B ist für je ein Plakat verantwortlich. Die Plakate werden im Klassenzimmer aufgehängt. Dann beginnt der Gallery Walk:

Phase 1: Der Schüler A des Schülerpaares A/B bleibt bei dem eigenen Plakat und steht bei Fragen der „Besucher" Rede und Antwort. Der Schüler B wandert durch die Ausstellung, sieht sich die Plakate der anderen Gruppen an.

Phase 2: Der Schüler B bleibt nun bei dem eigenen Plakat, während Schüler A durch die Ausstellung wandert.

Konkretes Unterrichtsbeispiel:

Amphibien

Die Ausstellung besteht dann aus Plakaten zu verschiedenen Amphibienarten, beispielsweise Geburtshelferkröte, Apothekerfrosch, Feuersalamander, Bergmolch, Grottenolm, Ochsenfrosch, Pfeilgiftfrosch, usw.

Die Vielfalt der Amphibien

Bearbeite folgende Tabelle.

Art	Frosch- oder Schwanzlurch?	Vorkommen	Besonders interessant finde ich ...

Tipps:

- Ein Arbeitsblatt, in dem zentrale Informationen zu jedem Plakat festgehalten werden müssen, macht den Gallery Walk deutlich „nachhaltiger". Der Schüler, der die anderen Plakate besichtigt, füllt es aus bzw. ergänzt es.
- Die Methode eignet sich sehr gut, um die Artenvielfalt einer Tier- oder Pflanzengruppe (z. B. Wirbeltierklassen, Pflanzenfamilien) zu veranschaulichen.

5.2 Gleiches Thema – verschiedene Präsentationsformen

45 Min.

Fachwissen kreativ und abwechslungsreich aufbereiten

Methoden-Kärtchen

Durchführung:

Im Gruppenunterricht folgt auf die Arbeitsphase die Präsentationsphase der Gruppenergebnisse. Für beide Phasen sollte etwa gleich viel Zeit eingeplant werden. Im arbeitsgleichen (themengleichen) Gruppenunterricht präsentieren alle Gruppen dieselben fachlichen Inhalte. Damit dies nicht zur Langeweile führt, kann man die Ergebnisse methodisch verschieden aufbereiten lassen. Die dadurch notwendige Übertragung des Fachwissens in eine andere Darstellungsform unterstützt das Lernen und zeigt deutlicher eventuelle Verständnislücken als das „klassische" Schülerreferat.
Die Schüler ziehen zu Beginn der Arbeitsphase ein Methodenkärtchen. Es empfiehlt sich, mehrere Kärtchen anzubieten als Arbeitsgruppen bestehen (z. B. neun Kärtchen für sieben Gruppen). So vermeidet man, dass die Schüler eine Präsentationsform bekommen, mit der sie nicht zurechtkommen. Insgesamt hängt die Auswahl von der Ausstattung der Schule und dem vorhandenen Methodenrepertoire (von Lehrer und Schülern) ab.

Konkretes Unterrichtsbeispiel:

<u>Die Regulation des menschlichen Blutzuckerspiegels</u>

Es stehen für eine Klasse mit 28 Schülern bzw. sieben Arbeitsgruppen beispielsweise folgende Präsentationsmethoden zur Auswahl:

Tipp:

Reicht die Zeit während der Biologiestunde nicht aus, um die Präsentationsphase vorzubereiten, können ggf. zusätzlich Vertretungsstunden dafür genutzt werden.

Fachwissen in Einzelbildern und kurzen Texten darstellen

Papier und Stifte

Durchführung:

Comics sind Bildergeschichten mit hoher Akzeptanz unter Kindern und Jugendlichen. Die Aufgabe, Comics zu gestalten, motiviert daher u. a. die Schüler, die nicht gerne längere Texte schreiben, jedoch zeichnen können und in der Lage sind, den Lerninhalt in mehrere kleine Portionen zu gliedern. Diese Methode eignet sich deshalb besonders für abstrakte Lerninhalte.
Bilder sind in ihrer Bedeutung mehrdeutiger und offener als Texte und müssen deshalb zunächst interpretiert werden. Zudem werden Bilder schneller und emotionaler wahrgenommen als Texte.

Konkrete Unterrichtsbeispiele:

- Endosymbiontentheorie
  Eine Ur-Eukaryontenzelle „verleibt" sich eine Bakterienzelle ein, verdaut sie ausnahmsweise einmal nicht und die beiden werden beste Freunde.

- Zellatmung
  Ein Mitochondrium liegt faul in der Zelle herum, während alle anderen Zellorganellen nach ATP lechzen. Ein Atemzug bringt die Erlösung.

- Zellteilung
  Einer Zelle am nördlichen Ende der Leber geht es so richtig gut; sie hat alles, was sie sich immer für einen befriedigenden Stoffwechsel gewünscht hat.
  Doch plötzlich passiert etwas Schlimmes, die Nachbarzelle ist gestorben! Sie alarmiert sofort ihren Zellkern.

5.4 Werbeplakate

Fachwissen in Form alltagsnaher Erfahrungen (Werbung) darstellen

große Bögen Tonpapier, Eddings und Buntstifte

Durchführung:

Ein Werbeplakat zu gestalten, fordert die Schüler in kognitiver und kreativer Weise gleichermaßen. Sie müssen den Lerninhalt durchdrungen haben, um das Wesentliche zu erkennen und in knapper und witziger Form darzustellen. Bei der Gestaltung ihrer Plakate lernen sie zudem, zwischen der sachlichen Information und der werbewirksamen Darstellung dieses Inhalts zu unterscheiden.

Konkrete Unterrichtsbeispiele:

- Die Bestandteile unserer Nahrung
  Jede Schülergruppe gestaltet ein Plakat, das die „Vorzüge" einer bestimmten Gruppe der Nahrungsbestandteile zeigt. Es entstehen Werbeplakate zu Kohlenhydraten, Proteinen, Fetten, Mineralstoffen, Vitaminen usw.

- Windbestäubung und Insektenbestäubung

10–30 Min.

abstrakte Lerninhalte modellhaft darstellen

Legosteine, möglichst viele verschiedene Farben und Größen

Durchführung:

Die Schüler bauen Modelle aus Lego-Bausteinen, die das zuvor erarbeitete Fachwissen visualisieren. Diese Präsentationsform kommt Lerntypen entgegen, die sich gerne manuell betätigen.

Konkrete Unterrichtsbeispiele:

- Enzyme
  Mit Legosteinen entstehen das „Enzym" mit dem aktiven Zentrum und verschiedene Substrate. So können sowohl die Substratspezifität als auch die kompetitive Hemmung modellhaft dargestellt werden.

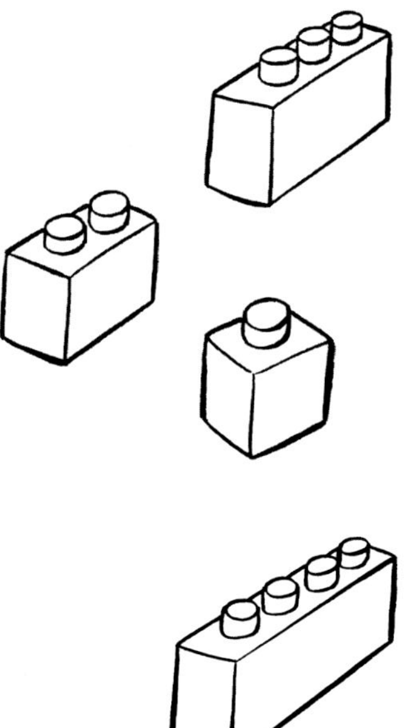

- Blutgruppen
  Die Schüler bauen die roten Blutkörperchen der Blutgruppen A, B, AB und 0, in dem sie die Erythrozyten mit den entsprechenden Antigenen versehen. Lego eignet sich gut dazu, auch die Antikörper Anti-A und Anti-B zu gestalten und so die Agglutinationsreaktion „nachzuspielen".

- Bildung eines Immunkomplexes
  Die typische Y-Form von Antikörpern mit den beiden Bindungsstellen sowie die komplementär gebauten Antigene lassen sich sehr gut mit Lego darstellen, ebenso wie die Antigen-Antikörper-Komplexe.

- Adsorption eines Virus
  Die Schüler bauen die Wirtszelle mit Rezeptoren an der Oberfläche und das Virus. Das „Lego-Virus" enthält Oberflächenstrukturen, die perfekt in die Rezeptoren der Wirtszelle passen. Sie visualisieren so die Adsorption eines Virus an eine Wirtszelle nach dem Schlüssel-Schloss-Prinzip.

Lerninhalte in Form einer Audiodatei fantasievoll und kreativ gestalten

Aufnahmegeräte (z. B. Diktiergeräte, Handyrecorder, Computer, mp3-Player usw.); eventuell Mikrofon

Durchführung:

Die Schüler erarbeiten in Gruppen ein Skript für ein Hörspiel von wenigen Minuten. Sie überlegen sich auch passende „Soundeffekte". Am einfachsten ist es dann, die Sprechertexte „live" ohne Unterbrechung in das Aufnahmegerät einzulesen. Auch die eventuell nötigen Geräusche werden während des Sprechens produziert und mit aufgenommen.

Konkrete Unterrichtsbeispiele:

- Die Funktion der roten Blutkörperchen (Erythrozyten)

  Das rote Blutkörperchen „Erich" drängelt sich aus dem Knochenmark in das Blut, sieht viele Kollegen und folgt ihnen. Er gelangt durch immer engere Blutgefäße, schließlich an ein Lungenbläschen und beobachtet verwundert, dass sich sein ganzer Körper mit Sauerstoff anreichert. Er reist in das Herz und wird mit einem kräftigen Schubs gegen die Aorta geschleudert. Schließlich befindet er sich im linken kleinen Zeh und sagt den Sauerstoff-Teilchen Lebewohl.

- Ausbreitung von Samen und Früchten

  Ein Löwenzahn wird zur Pusteblume. Plötzlich kommt Wind auf und die „Geschwister", also die Früchte mit ihren Schirmchen, werden getrennt. Der Wind bläst sie nun verschiedenen Schicksalen zu: Eines verfängt sich im Fell eines Schafes und wird wochenlang herumgetragen, ein anderes landet vorübergehend im Bach, ein drittes endet platt auf der Autobahn usw.

Tipps:

- Mit Erlaubnis der Schüler können die Hörspiele, z. B. auf der Schulhomepage, veröffentlicht werden.
- Will man die Audioaufnahmen „professioneller" gestalten (insbesondere Schnitt, Soundeffekte usw.), eignet sich beispielsweise das Programm „Audacity" als kostenloses, einfach zu bedienendes Audiotool.

5.7 Sockentheater

Fachwissen szenisch aufarbeiten und darstellen

Bettlaken oder Styropor-Platten, Socken, farbige Eddings, Bastelmaterial

Durchführung:

Die Schüler erarbeiten in Gruppen ein kurzes Drehbuch zum Lerninhalt. Sie gestalten die Sockenpuppen entsprechend, z. B. indem sie die Socken bemalen, mit Tonpapier-Augen bekleben oder mit bunten Pfeifenreinigern versehen. Die Bühne ist der Lehrertisch, auf dem die Styropor-Platten oder das Bettlaken so angebracht sind, dass sie die Schüler verdecken. Wie beim Kasperltheater ragen die Sockenpuppen heraus und die Aufführung kann beginnen.

Konkrete Unterrichtsbeispiele:

- Abwehr von Krankheitserregern

  Bakterien oder Viren, Meldefresszellen, T-Helferzellen, Plasmazellen und Killerzellen lassen sich mit einfachen Mitteln als Sockenpuppen gestalten.

- Evolutionsbiologie

  Wichtig hierbei ist die Variabilität innerhalb der „Sockenpopulation", die sich sehr einfach gestalten lässt.
  Ein Sockenpärchen wird auf eine Insel geschwemmt. Es herrschen paradiesische Zustände, es vermehrt sich stark. Die Nahrung wird knapp, da die Nachkommen alle dasselbe essen. Schließlich führt die Nahrungskonkurrenz zur Nischenbildung und zur adaptiven Radiation.

- Die Regulation des Blutzuckerspiegels

  Insulin, Glucagon und Traubenzucker sind die Hauptdarsteller. Die Bauchspeicheldrüse kommt einfach nicht zur Ruhe, ständig schwankt der Blutzuckerspiegel: Es wird gegessen, dann wieder Sport getrieben oder gefastet, sich zum Trost eine Tüte Gummibärchen einverleibt usw.

5.8 Gelenktes Rollenspiel

30 – 45 Min.

spielerische Aufarbeitung von Fachwissen

Papier, Stifte, evtl. buntes Tonpapier, Bastelmaterial, einfache Requisiten

Durchführung:

Die Schüler schlüpfen in die Rolle von Zellorganellen, Molekülen usw., um die Lerninhalte spielerisch zu gestalten. Sie überlegen sich zunächst ein Drehbuch, vergeben die Rollen (dabei kann die gesamte Klasse einbezogen werden), besorgen oder basteln sich die Requisiten und führen dann das Rollenspiel vor. Es empfiehlt sich, dass die Regie von einem Schüler übernommen wird. Erfahrungsgemäß ist diese Methode besonders wirksam bei abstrakten Themen.

Konkrete Unterrichtsbeispiele:

- „Wir bauen das Haarprotein!" (geeignet für eine Schulklasse)

  Requisiten: bunte Papierhüte, Zettel, Stifte, Legosteine, Gummibärchen

  Die Zelle (Haarwurzelzelle) ist das Klassenzimmer, ein Schülertisch ist der „Zellkern", auf dem mehrere Schüler als „DNA" sitzen. Sie halten Zettel mit einem Code („rot-grün-grün-rot-gelb-blau…") in der Hand, die die „Gene für das Haarprotein" symbolisieren. Nun kommen mehrere Schüler und schreiben diesen Code ab („Transkription"). Sie bringen diese Abschrift („m-RNS") in das „Zellplasma" zu den Schülern, die die „Ribosomen" spielen. Diese setzen die „m-RNS" in ein „Protein" um, indem sie den Code mit bunten Steckperlen oder Lego-Steinen „realisieren". Durch weitere Schüler („ER", „Golgi-Apparat") werden die „Proteine" dann zur Klassenzimmertür hinaus transportiert („Exocytose"). Die Energie für alle Vorgänge liefern Schüler, die „Mitochondrien", welche Gummibärchen („ATP") spendieren.

- Evolution des Menschen (geeignet für Schülergruppen)

  Die Schüler gestalten in Gruppen Szenen aus dem Leben von Australopithecus afarensis, Homo habilis, Homo erectus, Homo sapiens neandertalensis usw.

Tipp:

Die Schüler freuen sich, wenn man die Spiele filmt und im Plenum zeigt.

20–45 Min.

verschiedene Standpunkte und Perspektiven einer Thematik darstellen

das Klassenzimmer als „Fernsehstudio“, evtl. Videokamera

Durchführung:

Die Schüler haben in arbeitsteiligen Gruppen verschiedene Aspekte eines gesellschaftsrelevanten, mehrperspektivischen Unterrichtsthemas erarbeitet.
Jede Gruppe wählt ein Mitglied, das die Ergebnisse der Gruppe als Gast in der „Talkshow“ vertritt. Ein Schüler (notfalls auch die Lehrperson) übernimmt die Rolle des Moderators. Er kann, dem typischen Verlauf einer Talkshow gemäß, die Talkgäste zunächst befragen und anschließend eine Diskussion zwischen den Gästen initiieren.

Konkrete Unterrichtsbeispiele:

- Erbkrankheiten
  Ich bin schwanger und mein Kind wird mit Trisomie 21 geboren!“

  Die Talkshowgäste vertreten als „Experten“ die Perspektiven der

  ▷ betroffenen Eltern (Wie ist es, ein Kind mit Down-Syndrom zu haben?)

  ▷ betroffenen Kinder/Erwachsenen (Wie ist mein Leben mit Down-Syndrom?)

  ▷ Juristen (rechtliche Grundlagen des Schwangerschaftsabbruchs)

  ▷ Ärzte (Ursachen und medizinische Aspekte der Erbkrankheit)

  ▷ Ethiker (Problematik der Behindertendiskriminierung, Problematik der pränatalen Diagnostik usw.)

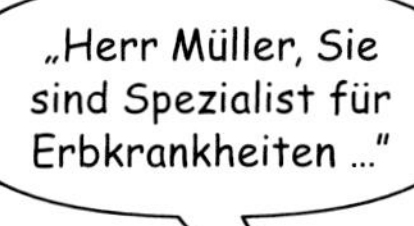

- Gendiagnostik
  „Kinder nach Wunsch – Designerbabies“
- Nutztierhaltung
  „Das Fleisch in meinem Burger ...“
- Ökologie/Landschaftsschutz (z. B. in Wintersportgebieten)
  „Free Riding – Freie Fahrt für freie Bürger?“

Fachwissen narrativ aufbereiten

Papier und Stift

Durchführung:

Geschichten sind eine Form, in der sich Menschen Vorstellungen konstruieren und merken. Sie helfen, Lerninhalte zu interpretieren und zu strukturieren. Wandeln Schüler einen komplexen fachlichen Lerninhalt in eine narrative Form um, können sie sich nachhaltiger an diesen erinnern. Besonders geeignet ist diese Präsentationsform für abstrakte Inhalte (z. B. Stoffwechselvorgänge, Genetik, Immunbiologie usw.).
Nachdem die Schüler die fachlichen Grundlagen erarbeitet haben, stellen sie diese in Form eines Märchens dar. Die Lehrkraft kann die ersten Sätze vorgeben oder Perspektiven vorschlagen, aus der das Märchen erzählt werden soll.

Konkretes Unterrichtsbeispiel:

Die Regulation des menschlichen Blutzuckerspiegels

Es war einmal eine Prinzessin namens Glucosia. Sie lebte in einem großen, süßen Schokoriegel. Eines Tages landete sie im hungrigen Magen eines Kindes und gelangte – mithilfe eines netten Pförtners – in den Dünndarm und schließlich in das große Reich des Blutes. Nach dieser langen Reise sehnte sie sich nach einer Zelle zum Einkehren. Nur blieb sie vor verschlossenen Türen stehen. „Lasst mich rein!" rief sie und rüttelte am Tor. Die Hilferufe waren bis zur Bauchspeicheldrüse zu hören. Die Beta-Zellen dieses geheimnisvollen Ortes schickten sogleich den edlen Ritter Insulinus zu Hilfe. Die Lage für Prinzessin Glucosia wurde langsam brenzlig, denn es stauten sich mittlerweile viele andere Prinzessinnen vor dem Tor und alle wollten hinein. Insulinus stürmte zu Glucosia und rief „Darf ich dich in mein Märchenschloss Zellaria geleiten?" Er öffnete das Tor mit seinem Schlüssel und alle Prinzessinnen schritten hinein. Dort lebten sie glücklich und zufrieden, bis sie abgebaut wurden.

10 Min.

Fachwissen (Artenkenntnis) mit auditiven Sinneseindrücken verbinden

Gefäße (z. B. Dosen) mit verschiedenen Pflanzensamen (bzw. Früchten), beschriftete Pflanzenbilder als Memo-Karten

Durchführung:

Auf einem Tisch befinden sich die „Schütteldosen" mit Samen und die Memokarten. Zwei Schülerteams spielen gegeneinander. Das Spiel folgt den gängigen Memo-Regeln. Ein Team beginnt, indem es eine Dose schüttelt, den Klang einer Pflanze zuordnet und eine Memo-Karte umdreht. Sieger ist das Team mit den meisten „Duplets" (Dose und Karte).
Damit die Schüler die Klänge beim Schüttlen korrekt zuordnen, enthalten die Dosen auf der Unterseite den Pflanzennamen. Man kann die Dosen und die zugehörigen Memo-Karten auch mit jeweils derselben Nummer kennzeichnen.

Konkretes Unterrichtsbeispiel:

Wichtige Nutzpflanzen

Gut eignen sich Pflanzen mit verschieden großen Samen (bzw. Früchten), z. B. Mohn, Kümmel, Hirse, Weizen, Erbsen, Erdnuss, Gartenbohne usw.

Tipp:

Im Schulgarten können Schüler auch eine dauerhafte Installation eines Hör-Memos schaffen, indem sie die entsprechenden Pflanzen anbauen. Die Schütteldosen mit den Samen hängen daneben. Je zwei Schütteldosen klingen gleich, enthalten also die gleichen Samen. Die Schüler finden zunächst die zusammengehörigen Schütteldosen und ordnen dann die Pflanzenart zu. Ein (laminiertes) Lösungsblatt, das die Nummern der Schütteldosen der jeweiligen Pflanzenart zuordnet, befindet sich zur Selbstkontrolle in der Nähe der Installation.

10 Min.

Fachwissen (Pflanzenfamilien, Artenkenntnis) mit olfaktorischen Sinneseindrücken verbinden

Riechdosen mit verschiedenen zerkleinerten geruchsintensiven Pflanzenteilen; dazugehörige Pflanzen in Vasen oder Blumentöpfen (evtl. beschriftete Pflanzenbilder als Memo-Karten).

Durchführung:

Auf einem Tisch befinden sich die Riechdosen mit den zerkleinerten Pflanzen und die Pflanzen bzw. die Memo-Karten mit den Artnamen. Zwei Schülerteams spielen gegeneinander. Das Spiel folgt den gängigen Memo-Regeln. Ein Team beginnt, indem es den Deckel einer Riechdose abnimmt und den Geruch identifiziert sowie einer Pflanze zuordnet. Sieger ist das Team mit den meisten „Duplets" (bestehend aus Riechdose und Pflanze bzw. Pflanzenkarte mit Artnamen). Damit die Schüler die Gerüche korrekt zuordnen, enthalten die Riechdosen auf der Unterseite eine Zahl. Ein „Lösungsblatt" zur Selbstkontrolle erleichtert es den Schülern, die gewählten „Duplets" als zusammengehörig zu beurteilen.

Konkrete Unterrichtsbeispiele:

- Pflanzenfamilie „Lippenblütler"

  Thymian, Rosmarin, Oregano, Salbei und Lavendel unterscheiden sich deutlich in ihrem Duft und eignen sich sehr gut für dieses Memo.

- Pflanzenfamilie „Doldenblütler"

  Hier könnte man die Samen anstelle der Pflanzenteile in die Riechdosen geben, z. B. Kümmel, Anis, Koriander, Dill, und Fenchel. Petersilie, Liebstöckel, Sellerie, Karotte und Pastinak verwendet man besser als Frischmaterial.

Tipp:

Bei manchen Sorten verflüchtigt oder verändert sich der Geruch erstaunlich schnell, daher sollte das Frischmaterial wirklich möglichst frisch sein.

6.3 Memo mit Naturobjekten

Wiederholung und Kombination von Fachwissen

je sieben blaue / weiße / rote Blumentöpfe, sowie je sieben zusammengehörende Lerngegenstände (Wortkarten, Früchte / Samen und Laubblätter)

Durchführung:

Zur Vorbereitung legt man die sieben Wortkarten, z. B. Artnamen von einheimischen Sträuchern oder Bäumen, unter die weißen Blumentöpfe. Die Früchte (bzw. Samen) werden unter die roten Blumentöpfe gelegt, die Laubblätter unter die blauen Blumentöpfe. Zwei Schülerteams spielen gegeneinander. Das Spiel folgt den gängigen Memo-Regeln. Ein Team beginnt, indem es je einen weißen, einen blauen und einen roten Blumentopf (ein „Tripel") aufdeckt. Sieger ist das Team mit den meisten zusammengehörigen „Tripeln".

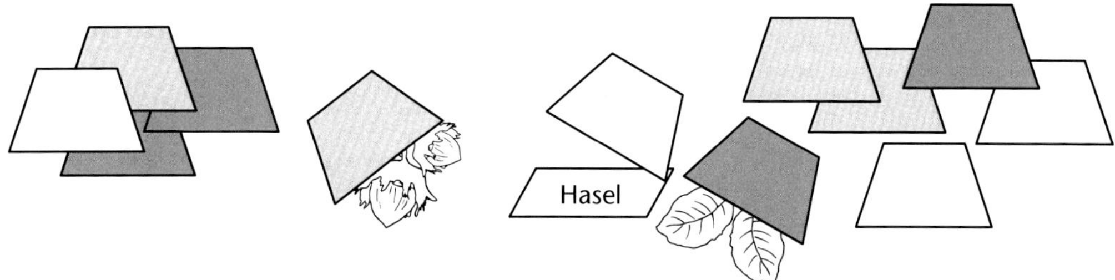

Konkrete Unterrichtsbeispiele:

- Einheimische Nadelbäume
  Ein Tripel besteht aus: Wortkarte (Artname) – Zapfen – Zweig.
- Pflanzenfamilien
  Produkte von Lippenblütlern: Salbei-Bonbons, Thymian-Gewürz, Lavendel-Duftbad, Rosmarin-Shampoo usw. Ein Tripel besteht aus: Wortkarte (Artname) – Pflanze – Produkt.
- Getreidearten
  Ein Tripel besteht aus: Wortkarte (Artname) – Ähre / Rispe – Produkt.

Tipps:

- Der Schwierigkeitsgrad lässt sich je nach Menge der „Tripel" variieren. Sehr viel einfacher wird es, wenn nur „Duplets" gesucht werden (z. B. Artname und Laubblatt).
- Dieses Memo ist sehr gut an außerschulischen Lernorten einsetzbar, z. B. im Schulgarten, an Hecken auf dem Schulgelände, im Wald usw. Das Memo kann auch eine Station in einem Stationenlauf darstellen.

Wiederholung und Kombination von Fachwissen

je sechs Kärtchen mit beispielsweise blauem/rotem/gelbem Rücken

Durchführung:

Zur Vorbereitung legen die Spieler alle Kärtchen mit dem Rücken nach oben in einer beliebigen Anordnung auf einen Tisch. Zwei Schülerteams spielen gegeneinander. Das Spiel folgt den gängigen Memo-Regeln. Ein Team beginnt, indem es je ein blaues, ein rotes und ein gelbes Kärtchen aufdeckt. Sieger ist das Team mit den meisten zusammengehörigen „Tripeln".

Konkrete Unterrichtsbeispiele:

- Bau und Aufgaben des Blutes

Rotes Blutkörperchen

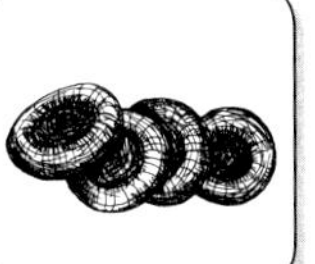

Transport von Sauerstoff

Die „blauen" Kärtchen (d. h. die Kärtchen mit den blauen Rücken) zeigen den Namen des Blutbestandteils. Die „roten" Kärtchen zeigen eine schematische Abbildung des Blutbestandteils. Die „gelben" Kärtchen enthalten eine kurze Beschreibung der Funktion.

- Die Eukaryontenzelle

  Ein „Tripel" besteht aus dem Namen des Zellbestandteils (z. B. Wortkarte „Mitochondrium"), der schematischen Darstellung des Zellbestandteils (Bild eines Mitochondriums) und der Funktion des Zellbestandteils (z. B. Wortkarte „Zellatmung").

Tipps:

- Auch hier lässt sich der Schwierigkeitsgrad je nach Menge der „Tripel" variieren. Sehr viel einfacher wird es, wenn mit nur zwei Sets von Kärtchen („Duplets") gearbeitet wird.
- Es empfiehlt sich, die Memo-Kärtchen zu laminieren.
- Das Einbringen von farbigem Tonpapier in die Laminiertasche als „Rückseite" der Kärtchen verringert eine eventuelle Transparenz der Kärtchen.

Fachwissen mit Tastsinneseindrücken verbinden

Fühlboxen, Wortkarten und Gegenstände, die das jeweilige Unterrichtsthema repräsentieren können

Durchführung:

Fühlboxen kann man sehr einfach aus Schuhkartons herstellen, indem man in die Frontseite eine Öffnung schneidet. Klebt man ein Stück Stoff (quasi als „Gardine") hinter die Öffnung, ist der Inhalt der Fühlbox von außen unsichtbar.

Zur Vorbereitung werden die Fühlboxen mit den Gegenständen bestückt und die Wortkarten bereit gelegt. Die Schüler fassen in eine Fühlbox und versuchen, den Gegenstand durch das Betasten zu benennen. Anschließend ordnen sie dem Gegenstand einen Begriff zu und legen die entsprechende Wortkarte auf die Fühlbox.

Konkretes Unterrichtsbeispiel:

Fruchttypen

In den Fühlboxen befinden sich Früchte, die die verschiedenen Fruchttypen repräsentieren. Die Schüler ordnen die Wortkärtchen mit den Fachbegriffen zu. Als Beispiele eignen sich Bananen oder Tomaten (als Beeren), Pfirsiche oder Pflaumen (als Steinfrüchte), Haselnüsse (als Nussfrüchte), Erdbeeren (als Sammelnussfrüchte), Himbeeren (als Sammelsteinfrüchte) und Zuckerschoten (als Hülsenfrüchte).

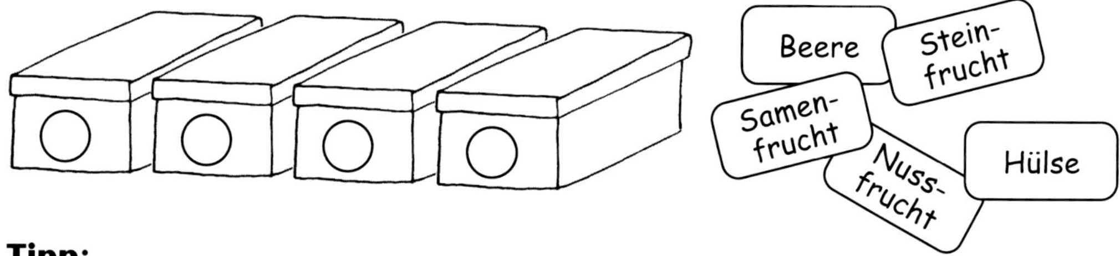

Tipp:

Ein Lösungsblatt zur Selbstkontrolle hilft den Schülern. Hierzu sollten die Fühlboxen nummeriert werden. Die Nummern kann man dann mit dem jeweiligen Begriff verbinden.

Zusammenhänge spielerisch visualisieren

32 Motivkarten bestehend aus acht Quartetten à vier inhaltlich zusammen gehörenden Karten

Durchführung:

Die Motivkarten werden gemischt und einzeln an die Spieler verteilt. Das Spiel folgt den üblichen Spielregeln für „Quartett": Ein Spieler fragt einen beliebigen Mitspieler nach einer bestimmten Karte. Besitzt dieser Mitspieler diese Karte, muss er sie ausliefern. Der Spieler darf so lange Karten erfragen, bis einer der Gefragten die gesuchte Karte nicht besitzt. Dann ist dieser an der Reihe, nach Karten zu fragen. Sobald ein Spieler ein vollständiges Quartett hat, legt er es offen auf den Tisch. Das Ziel ist es, so viele Quartette wie möglich zu sammeln.

Konkrete Unterrichtsbeispiele:

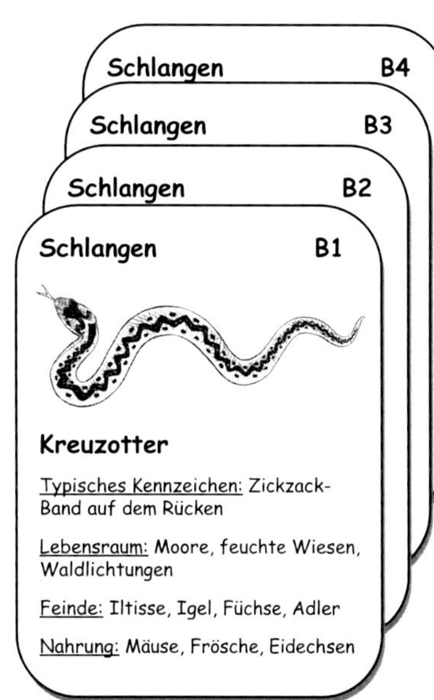

- Tiergruppen (z. B. Reptilien)
  Je vier Arten von Echsen, Schlangen, Schildkröten, Krokodilen, Geckos, Dinosaurier, Flugsaurier und Fischsaurier bilden ein vollständiges Kartenspiel.
- Einheimische Bäume
  Ein Quartett besteht aus je einer Motivkarte zum Blatt, zum Habitus, zur Blüte und zur Frucht (bzw. Samen) einer bestimmten Baumart.
- Essbare Pflanzenteile
  Die Quartette bestehen aus je vier Beispielen für essbare Wurzeln, Stängel, Blätter, Blüten, Knospen, Samen, Früchte, Knollen oder Zwiebeln.

Tipp:

Die Schüler können die Motivkarten in arbeitsteiligen Gruppen nach einer einheitlichen Formatvorlage selbst gestalten.

eine Vielzahl von Fachbegriffen strukturieren

Wortkärtchen, evtl. tabellenartige Vorlage für die Matrix

Durchführung:

Die Schüler arbeiten einzeln oder zusammen mit einem Partner. Sie legen die Wortkärtchen in eine vorgegebene Matrixstruktur (einfachere Variante, s. u.). In der schwierigeren Variante (s. u.) erstellen sie die Matrixstruktur aus den Kärtchen selbst.

Konkrete Unterrichtsbeispiele:

- Die Wirbeltierklassen im Vergleich (einfachere Variante)

	Fische	Lurche	Reptilien	Vögel	Säugetiere
Fortbewegung			laufen, kriechen schwimmen		
Körperbedeckung	Schuppen				
Atmung	Kiemen				
Körpertemperatur		wechsel-warm			
Fortpflanzung					

Federn
Horn-schuppen
fliegen
wechsel-warm
Haut, Kiemen, Lunge
innere Befruchtung
gleich-warm

- Verdauungsvorgänge im menschlichen Körper (schwierigere Variante)

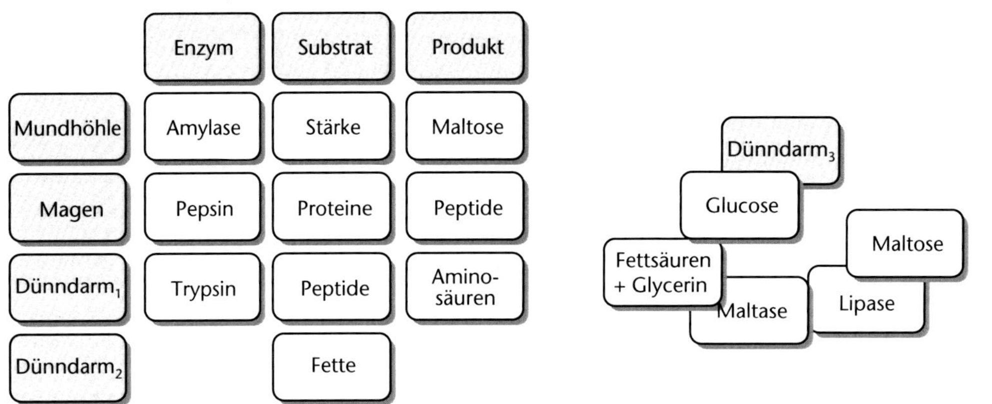

Tipp:

Die Wortkärtchen können die Schüler selbst anfertigen, indem sie diese aus einem vorgegebenen Arbeitsblatt ausschneiden.

„Gedankenketten" zu einem komplexeren Unterrichtsthema konstruieren; Zusammenhänge in biologischen Systemen verdeutlichen

Start-Idee für die Erzählkette

Durchführung:

Die Lehrperson gibt den ersten Satz der Erzählkette vor. Ein Schüler bildet den nächsten Satz. Ein weiterer Schüler führt die Erzählung fort. Die Reihenfolge der Schüler in der Erzählkette kann durch die Sitzordnung festgelegt sein oder spontan entstehen. Der Abschluss der Erzählkette geschieht durch die Lehrperson.

Konkretes Unterrichtsbeispiel:

Der Kohlenstoff-Kreislauf

Wir haben heute den 11. Juli, 14:00 Uhr. Die Sonne scheint und das Kohlenstoff-Atom Carby schwebt in einem CO_2-Molekül in der Luft.

- *Carby gerät in eine Spaltöffnung und gelangt in ein Buchenblatt.*
- *Carby steckt in einem Zuckermolekül.*
- *Carby treibt mit dem Zuckermolekül durch die Blattadern in Richtung Blattstiel.*
- *Eine Blattlaus saugt das Zuckermolekül mit Carby aus dem Blatt.*
- *Ein Marienkäfer schleicht sich an und verspeist die Laus.*
- *Carbys Zuckermolekül wird verdaut und landet im Flugmuskel.*
- *Der Marienkäfer sieht eine Amsel, bekommt Panik und fliegt los.*
- *Der Flugmuskel hat den Zucker „veratmet".*
- *Carby verlässt in einem CO_2-Molekül die Atemöffnung des Käfers.*
- *usw.*

Tipp:

Diese Methode eignet sich auch sehr gut für einen Chat. Die Schüler schreiben online eine Fortsetzungsgeschichte, die von jedem Chat-Partner um einen Satz verlängert wird.

10–20 Min.

fachliche Zusammenhänge in einer vorgegebenen Textform darstellen

Start-Karten, leere Papierkarten („Dominokarten"), Stift

Durchführung:

Die Schüler arbeiten in Paaren oder in Kleingruppen. Sie suchen sich eine der Start-Karten aus und erhalten ein Set von leeren „Dominokarten". Sie gestalten alle notwendigen Folge-Karten. Die fertigen Dominos werden zwischen den Autorenteams ausgetauscht, gelöst und eventuell bewertet.
Die Start-Karten sind verschieden hinsichtlich der Perspektive, aus der die fachlichen Zusammenhänge geschildert werden sollen, so werden die Inhalte stets neu durchdacht.

Konkretes Unterrichtsbeispiel:

Symbiose zwischen Rhizobien und Schmetterlingsblütler

Beispiele für Start-Karten:	Beispiele für die ersten Folge-Karten:
Schmetterlingsblütler haben kleine Verdickungen an ihren Wurzeln, die sogenannten Wurzel-...	...-knöllchen. In diesen Knöllchen leben Bakterien, die Rhizobien. Sie leben mit den Pflanzen in ...
Schmetterlingsblütler sind wichtig für Vegetarier, weil ihre Samen ...	... sehr viel Eiweiß enthalten. Dieses Eiweiß stellen die Pflanzen nicht alleine her, sondern ...
Rhizobium ist die Mikrobe des Jahres 2015. Sie kann etwas, das Pflanzen nicht können, nämlich ...	... Luft in Mineralstoffe umwandeln. Der Stickstoff aus der Luft wird zu ...

6.10 Tabu

20 – 30 Min. 

 kreatives Erklären und Umschreiben von Fachbegriffen

 Tabu-Karten, Sanduhr, Buzzer

Durchführung:

Diese Methode eignet sich besonders gut nach ausführlichen Unterrichtseinheiten mit vielen Fachbegriffen.
Die Schüler treten in zwei Teams gegeneinander an. Ein Spieler zieht eine Tabu-Karte, die Sanduhr wird gestartet. Er erklärt seinen Teampartnern einen Begriff und darf dabei weder eines der Tabu-Wörter, noch einen Bestandteil des gesuchten Begriffes selbst verwenden. Errät sein Team den Begriff, bekommt es einen Punkt. Der Spieler versucht, innerhalb der vorgegebenen Zeit so viele Begriffe wie möglich zu erklären. Das gegnerische Team überwacht die Zeit und das Vermeiden der Tabu-Wörter. Die Teams raten abwechselnd. Sieger ist das Team mit den meisten Punkten.

Konkretes Unterrichtsbeispiel:

<u>Das Nervensystem des Menschen</u>
Mögliche Tabu-Karten:

Reflex	afferent	Transmitter	Aktions-potential
Tabu-Wörter:	Tabu-Wörter:	Tabu-Wörter:	Tabu-Wörter:
rasch	**efferent**	**Acetylcholin**	**Depolarisation**
Knie	**Sinnesorgan**	**Synapse**	**Signal**
Reaktion	**Sinneszelle**	**Spalt**	**Axon**
unwillkürlich	**Nervenfaser**	**Vesikel**	**+35 mV**

kreative Darstellung von Fachbegriffen

Würfel, Begriff-Karten, Activity-Chips (z. B. Bonbons oder Gummibärchen in drei verschiedenen Farben) in einem undurchsichtigen Beutel, Sanduhr, Papier, Stifte

Durchführung:

Die Schüler treten in zwei bis vier Teams gegeneinander an. Das Team, das die höchste Punktzahl würfelt, beginnt. Ein Spieler zieht einen „Activity-Chip" aus dem Beutel und anschließend eine Begriff-Karte. Er stellt seinen Teammitgliedern den Begriff dar, die versuchen, ihn zu erraten. Sobald der Begriff erraten ist oder die Zeit abgelaufen ist, beginnt die nächste Runde. Es wird gewürfelt und wieder ist das Team mit der höchsten Punktzahl an der Reihe.
Die Activity-Chips legen fest, auf welche Weise der Begriff dargestellt werden muss. Dies wird vorher vereinbart, z. B. stehen die roten Gummibärchen für „Zeichnen", die gelben für „Pantomime" und die grünen für „Erklären". Sieger ist das Team mit den meisten erratenen Begriffen.

Konkretes Unterrichtsbeispiel:

Das Immunsystem des Menschen

Beispiele für Begriff-Karten:

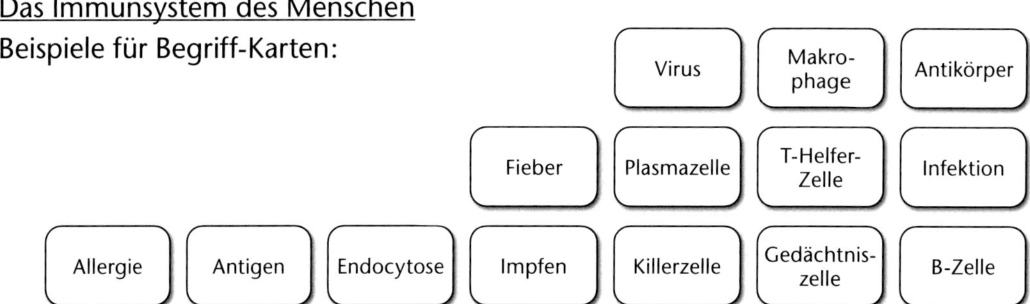

Tipps:

- Ist „Erklären" nicht attraktiv genug bzw. zu einfach, kann man es durch „Modellieren" ersetzen. Hier haben sich Knetmasse oder Pfeifenreiniger bewährt.
- Man kann die Regeln auch so abändern, dass die Schüler den Acitvity-Chip (und damit die Art der Darstellung) nicht blind ziehen, sondern bewusst auswählen.
- Selbstverständlich kann man die Reihenfolge auch alternierend gestalten und auf das Würfeln verzichten.

lernbezogenes Formulieren von Fragen und Antworten, spielerische Wissenskontrolle

leere Quiz-Karten, Stifte

Durchführung:

Diese motivierende Möglichkeit, Lernstoff neu zu strukturieren und von Assoziationen abzugrenzen, eignet sich für nahezu alle Unterrichtsthemen.
Die Schüler arbeiten zunächst in Kleingruppen. Sie erstellen eine oder mehrere Quizfragen zu einem Unterrichtsthema nach einer einheitlichen Formatvorlage. Dabei ist es besonders anspruchsvoll, „gute" falsche Antworten zu erfinden. Anschließend sammelt man alle Fragekarten und spielt „Wer-wird-Millionär?" im Plenum.

Konkrete Unterrichtsbeispiele:

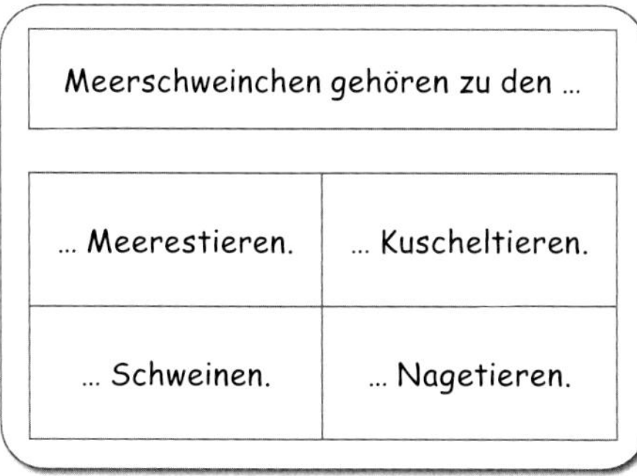

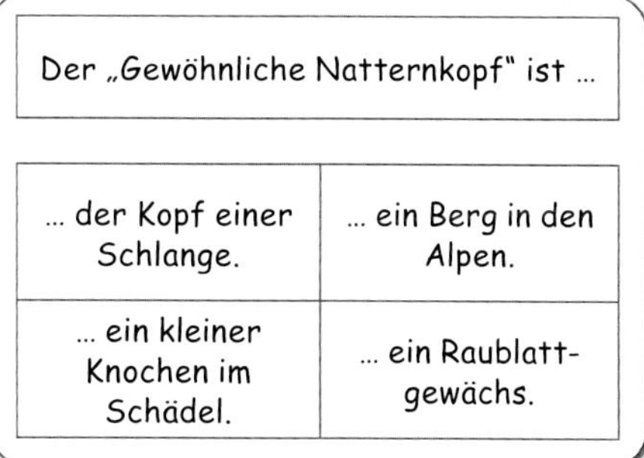

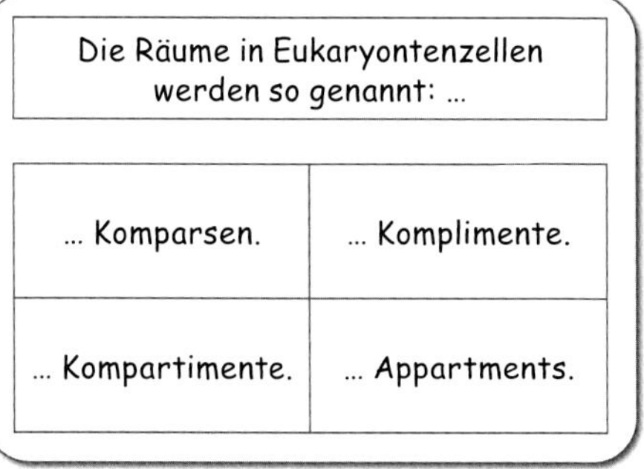

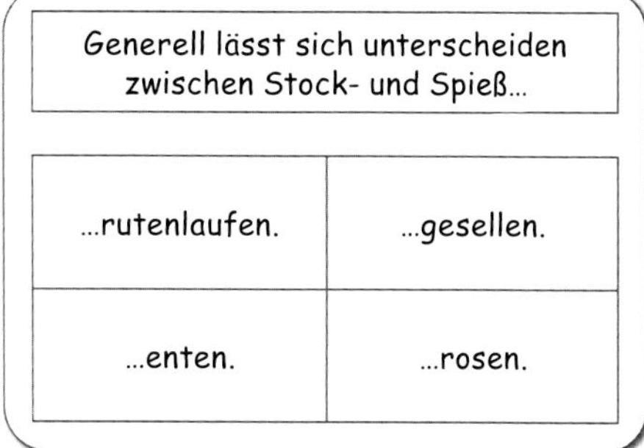

Tipp:

Mit der kostenlosen Software „Quillionär" können die Schüler sehr einfach ihre Quizfragen gestalten (www.mediator-programme.de).

6.13 Brettspiele

10–45 Min. ☆☆

Aktivieren von Fachwissen in einem spielerischen Kontext

Spielbrett, Würfel, Spielfiguren, Ereigniskarten, Wissenskarten

Durchführung:

Das Spiel folgt den Regeln von „Mensch-ärgere-dich-nicht", die Spielregeln können die Spielergruppen selbstständig modifizieren. Neben dem Spielfeld liegt ein Stapel Wissenskarten und ein Stapel Ereigniskarten. Das Spielfeld enthält neben „neutralen" Feldern auch „Wissensfelder" und „Ereignisfelder". Gelangt eine Spielfigur auf ein Wissensfeld, muss der Spieler eine Wissensfrage beantworten. Auf einem Ereignisfeld wird eine Ereigniskarte vorgelesen und befolgt. Ereigniskarten bereichern die Thematik mit Aspekten, die im vorausgehenden Unterricht vielleicht nur eine Nebenrolle gespielt haben.

Konkretes Unterrichtsbeispiel:

Bau und Lebensweise der Erdkröte

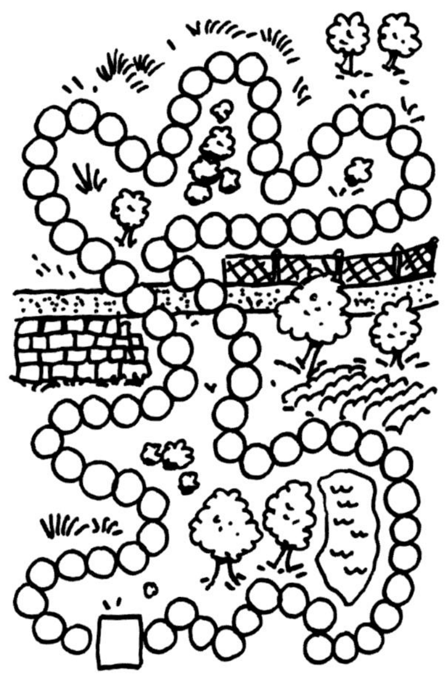

Beispiele für Wissenskarten:

Auf welche Weise atmet die erwachsene Erdkröte?	Welche Nahrung fressen die frisch geschlüpften Larven der Erdkröte?

Beispiele für Ereigniskarten:

Ein Habicht hat dich auf deiner Wanderung entdeckt. Du fliehst auf Feld 36.	Dein Biotop wurde mit Pestiziden gespritzt. Du hast soviele davon aufgenommen, dass du dich dieses Jahr nicht mehr fortpflanzen kannst. Gehe zurück auf Start.

Tipp:

„Neutrale" Spielbretter kann man bei verschiedensten Themen einsetzen, es müssen dann nur die Wissens- und die Ereigniskarten neu erstellt werden; dies können auch die Schüler im Verlauf der Einheit selbst erledigen.

6.14 Kreuzworträtsel erstellen

15 Min.

Synonyme und Umschreibungen für Fachbegriffe finden

kariertes Papier, Stift, evtl. vorgegebene „Lösungsworte“

Durchführung:

Die Schüler erstellen in Partnerarbeit oder in Kleingruppen ein einfaches „Kreuzworträtsel“, das zu einem Lösungswort führt. Die Lösungsworte können selbst gewählt oder von der Lehrperson vorgegeben werden. Anschließend tauschen die Schüler ihre Rätsel aus und versuchen, das Rätsel einer anderen Gruppe zu lösen.

Konkretes Unterrichtsbeispiel:

Zellatmung

Die Schüler entscheiden sich für „Glucose“ als Lösungswort. Sie formulieren „Rätselfragen“ zu allen Buchstaben des Lösungswortes, z. B.:

① Der Sinn der Zellatmung ist die Bereitstellung von … in Form von ATP.

② Ein für viele Lebewesen wichtiger Stoff.

③ Ein Organ, in dem sehr viel Zellatmung stattfindet.

④ Zellbestandteil, in dem die Zellatmung abläuft.

⑤ Lebensweise, bei der Sauerstoff verbraucht wird.

⑥ Produkt der Zellatmung

⑦ Der Ort, an dem die Glykolyse stattfindet.

Das fertige, ausgefüllte Rätsel könnte so aussehen:

		①	E	N	E	R	G	I	E											
						②	L	U	F	T	S	A	U	E	R	S	T	O	F	F
					③	M	U	S	K	E	L									
		④	M	I	T	O	C	H	O	N	D	R	I	U	M					
			⑤	A	E	R	O	B												
⑥	K	O	H	L	E	N	S	T	O	F	F	D	I	O	X	I	D			
					⑦	Z	E	L	L	P	L	A	S	M	A					

Tipp:

Die Umschreibung der Fachbegriffe ist erfahrungsgemäß sehr anspruchsvoll. Daher darf das Lösungswort nicht zu lang sein, sonst sinkt die Motivation der Rätselersteller stark. Bewährt haben sich Lösungsworte aus fünf bis acht Buchstaben.

7.1 Bewertungssteine

10 Min. 

undifferenziertes Ranking von Schülerprodukten durch die Schüler selbst

Bewertungssteine (z. B. Magnete, Pinn-Nadeln)

Durchführung:

Die Schülerprodukte sind der Reihe nach aufgehängt, beispielsweise an einer Magnettafel oder Pinnwand, oder werden auf Tischen auf- bzw. ausgestellt. Jeder Schüler erhält einen Bewertungsstein, s. Tipps. Er hinterlässt diesen Stein bei dem Produkt, das er am besten findet. Das eigene Produkt darf nicht bewertet werden.

Konkrete Unterrichtsbeispiele:

- <u>Steckbriefe</u>
  „Vögel an unserem Futterhaus"
- <u>Plakate</u>
  „Die besten Gründe, nicht zu rauchen"
- <u>Comics</u>
  „Die Endosymbiontentheorie"
- <u>Modelle</u>
  „Die Bakterienzelle"

Tipps:

- Es empfiehlt sich, die Schülerprodukte zu anonymisieren, damit die Bewertungen unabhängig von eventuellen Sympathien oder Antipathien Mitschülern gegenüber vorgenommen werden.
- Das Material der Bewertungssteine ist von der Ausstellungsform abhängig: Magnete, auffällige Pinn-Nadeln, Bauklötze, Legosteine, eingepackte Süßigkeiten (gleichzeitig Belohnung).

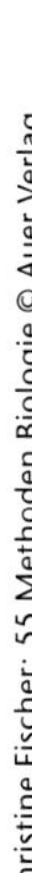

sehr schnelles Signalisieren der Schülermeinungen im Plenum

rote, gelbe und grüne Ampelkarten

Durchführung:

Diese Methode eignet sich insbesondere zum Einschätzen von Einstellungen und Meinungen, bei der Beurteilung von Unterrichtsmethoden, zur Selbsteinschätzung des Lernergebnisses und zur Rückmeldung von Vorwissen oder Lernergebnissen.

Jeder Schüler erhält eine rote, eine gelbe und eine grüne Ampelkarte. Sie stimmen zu Fragen oder Aussagen ab, indem sie eine der Karten hochhalten. Die Farben haben die Bedeutungen aus dem Straßenverkehr: „ich stimme zu" (grün), „ich bin unentschieden" (gelb) und „ich stimme nicht zu" (rot).

Konkrete Unterrichtsbeispiele:

- zur Einschätzung von Einstellungen und Meinungen
  „Crystal Meth macht schon beim ersten Mal abhängig." oder „Regenerative Energien können fossile Energiequellen und die Kernkraft ersetzen."
- zur Beurteilung von Unterrichtsmethoden
  „Ich habe während der Gruppenarbeit viel dazu gelernt." oder „Ich würde das Experiment lieber nach einer genauen Anleitung durchführen, als mir alles selbst zu überlegen."
- zur Selbsteinschätzung des Lernergebnisses
  „Den Ablauf der Proteinbiosynthese könnte ich jetzt erklären."
- zur Rückmeldung von Vorwissen oder Lernergebnissen
  „Eine Mutation ist immer etwas Schlechtes." oder „Kohlenstoffdioxid wird ausschließlich als Hydrogencarbonat im Plasma transportiert."

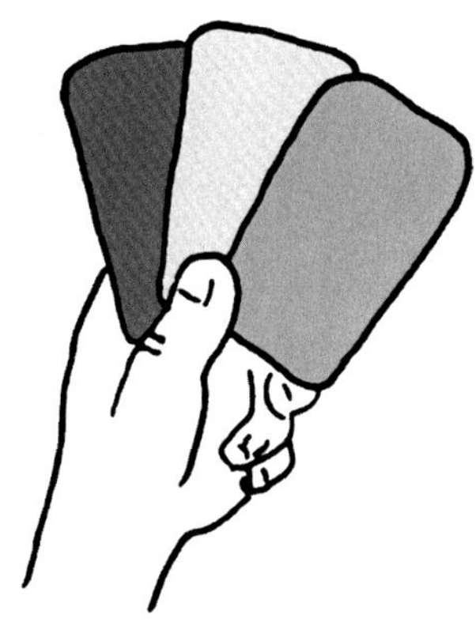

anonyme, differenziertere Stellungnahme (der gesamten Klasse oder jedes einzelnen Schülers)

Zielscheibe, Klebepunkte oder Stift

Durchführung:

Eine Zielscheibe wird in einzelne Segmente aufgeteilt. Die Anzahl der Segmente ist abhängig von den gewünschten Beurteilungsaspekten. Wie bei einer Zielscheibe entspricht das Zentrum der besten, der äußerste Kreis entspricht der schlechtesten Bewertungsstufe. Die Schüler nehmen ihre Bewertungen mit Klebepunkten vor oder machen ein Kreuz mit ihrem Stift.
Die Methode eignet sich als „Klassenfeedback", indem eine große Zielscheibe verwendet wird, ebenso wie für die Einzelarbeit, indem jeder Schüler eine eigene Zielscheibe bearbeitet.

Konkretes Unterrichtsbeispiel:

Bewertung einer Exkursion in das Naturkundemuseum

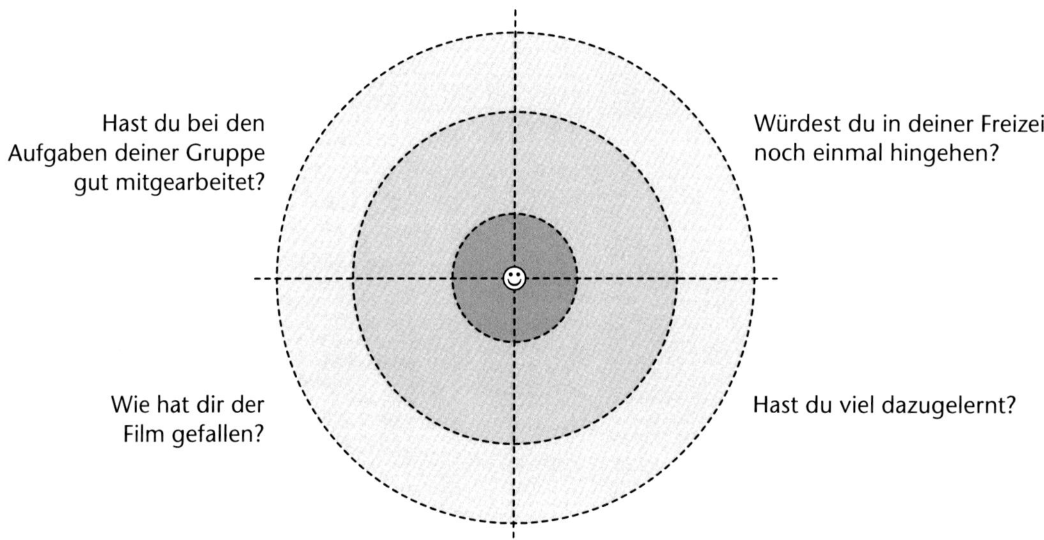

Tipps:

- Eine anschließende Interpretation der ausgefüllten Zielscheibe bietet Gesprächsanlässe für eine genauere Begründung der positiven oder negativen Urteile.
- Es sollten maximal acht Segmente sein.

schnelles, undifferenziertes Meinungsbild der Klasse darstellen

10–12 m langes Seil (oder eine zufällig passende Linie auf dem Fußboden); evtl. breites Gewebeband in rot, weiß und grün

Durchführung:

Als Vorbereitung wird ein genügend langes Seil als „Positionslinie" auf den Boden gelegt (oder es gibt bereits eine lange Linie auf dem Boden). Die Enden der Linie können mit dem Gewebeband fixiert und gekennzeichnet werden: Das grün gekennzeichnete Ende der Linie bedeutet „ich stimme voll und ganz zu", das rot gekennzeichnete Ende bedeutet „ich stimme überhaupt nicht zu". Die Mitte wird weiß gekennzeichnet und steht für eine unentschiedene Haltung. Die Lehrkraft stellt nun eine Frage oder trifft eine Aussage. Die Schüler stellen sich entsprechend ihrer Meinung entlang der Linie auf.

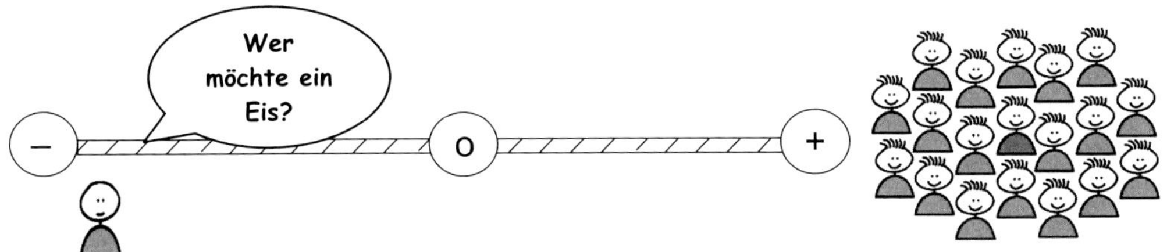

Konkretes Unterrichtsbeispiel:

Prävention von Essstörungen

- Würdest du eine Diät machen, wenn dein(e) Freund(in) dich zu dick findet?
- Schlank zu sein, ist sehr wichtig, um attraktiv zu wirken.
- Ich achte darauf, dass ich nicht zu viele Kalorien pro Tag esse.
- Ich hätte kein Problem damit, wenn mein(e) Freund(in) ein paar Kilogramm zunehmen würde.
- Wenn ich nachmittags Kuchen hatte, verzichte ich schon mal auf das Abendessen.

Tipp:

Nachdem die Schüler ihre jeweiligen Positionen eingenommen haben, hinterlassen sie einen persönlichen Gegenstand als „Stellvertreter" (Stift, Armreif usw.). Dann wird die Thematik im Unterricht weiter erörtert und diskutiert. Anschließend verorten sich die Schüler erneut auf der Positionslinie. Hat sich ihre Einstellung geändert, wird dies durch die Positionsänderung ihres persönlichen Gegenstands deutlich.

offenes, individuelles Feedback im Plenum oder in größeren Gruppen

Feedbackwürfel aus festem Karton

Durchführung:

Die Methode eignet sich beim Sprechen über Filme mit gesellschaftsrelevanten Themen, bei der Stellungnahme zu einem Besuch eines außerschulischen Lernorts und beim Feedback nach einem Expertenvortrag.
Die Schüler sitzen oder stehen im Kreis (z. B. Stuhlkreis oder um einen Gruppentisch). Die Schüler würfeln reihum und vervollständigen jeweils den Satz, den die Würfeloberseite zeigt.

Konkrete Unterrichtsbeispiele:

- Sprechen über Filme mit gesellschaftsrelevanten Themen (AIDS, Sucht, Gentechnik, Naturschutz, Reproduktionsbiologie usw.)
- Stellungnahme zu einem Besuch eines außerschulischen Lernorts (Museum, Labor, Kläranlage usw.)
- Feedback nach einem Expertenvortrag (Energie sparen, Rinderhaltung usw.)

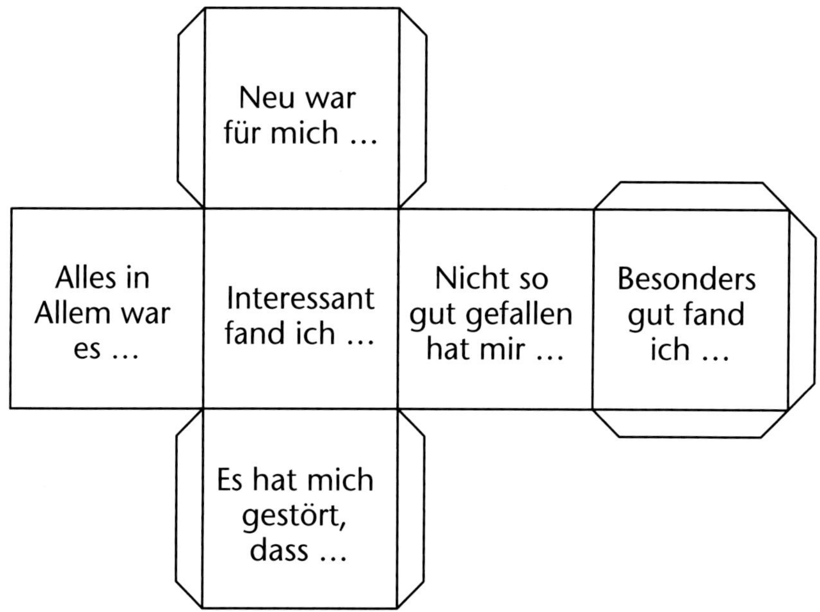

Index